かわいいコルセット *style*

ベストセレクション

bambi

文化出版局

contents

はじめに

洋服感覚で着られる、でもちょっとした特別感を味わえるようなかわいいコルセットを作りたい！　そんな気持ちで始めたコルセット作り。ブランドとして本格的に始動してから10年の月日が経ちました。今でも日々コルセットを製作し、コルセットファッションを楽しむかたのお手伝いができていることをうれしく思います。

2012年に『かわいいコルセットstyle』、2013年に『かわいいコルセットstyle2』を出版させていただき、たくさんのかたから製作のご報告を頂戴いたしました。

コルセットというアイテムに興味はあってもなかなか実物を手に取ることがなかったというかたや、もともとコルセットの愛好家で、ご自身でも製作してみたいと拙著を手に取ってくださったかた、お子さんのためにと製作されたかたもいらっしゃいました。

どの作品も愛情たっぷり、それぞれの思いがこもった素敵なコルセットたち。

自慢の作品を身につけて、ちょっとおめかし。とっても楽しそうな
お写真を拝見できると私まで幸せな気分になります。

今回は『かわいいコルセットstyle』2冊から作品を厳選し、まとめ
た本となります。

当時のパターンでのデザインとなりますので、現在アビエタージュ
で販売している商品よりもくびれは緩やかなものとなります。

そのため、普段あまりコルセットをつけないかたでも着けやすく、
デザインのアレンジなどもしやすいかと思います。

コーディネートもとってもかわいいので、着こなしの参考にもして
いただけたらうれしいです。

この本が、コルセットファッションの魅力をよりたくさんのかたに
知っていただくきっかけの一つになりますように。

bambi

no.2

ブリティッシュ

British

see page 73

no. 5

フォーマル
Formal

see page 76

no. **6**
スポーティ
Sporty
see page 84

no.7

フィフティーズ

'50s

see page 86

no. *8*

休日
Holiday

see page 88

no. **9**

マリン

Marine

see page 90

no. **10**

エイティーズ
'80s

see page 91

no. *11*
夏祭り
Summer festival
see page 92

*no.*__12__

ヒッピー

Hippie

see page 94

no.*14*

クリスマス
Christmas
see page 96

no. *15*

ロシア
Russian

see page 98

no. **16**

ロシア

Russian

see page 98

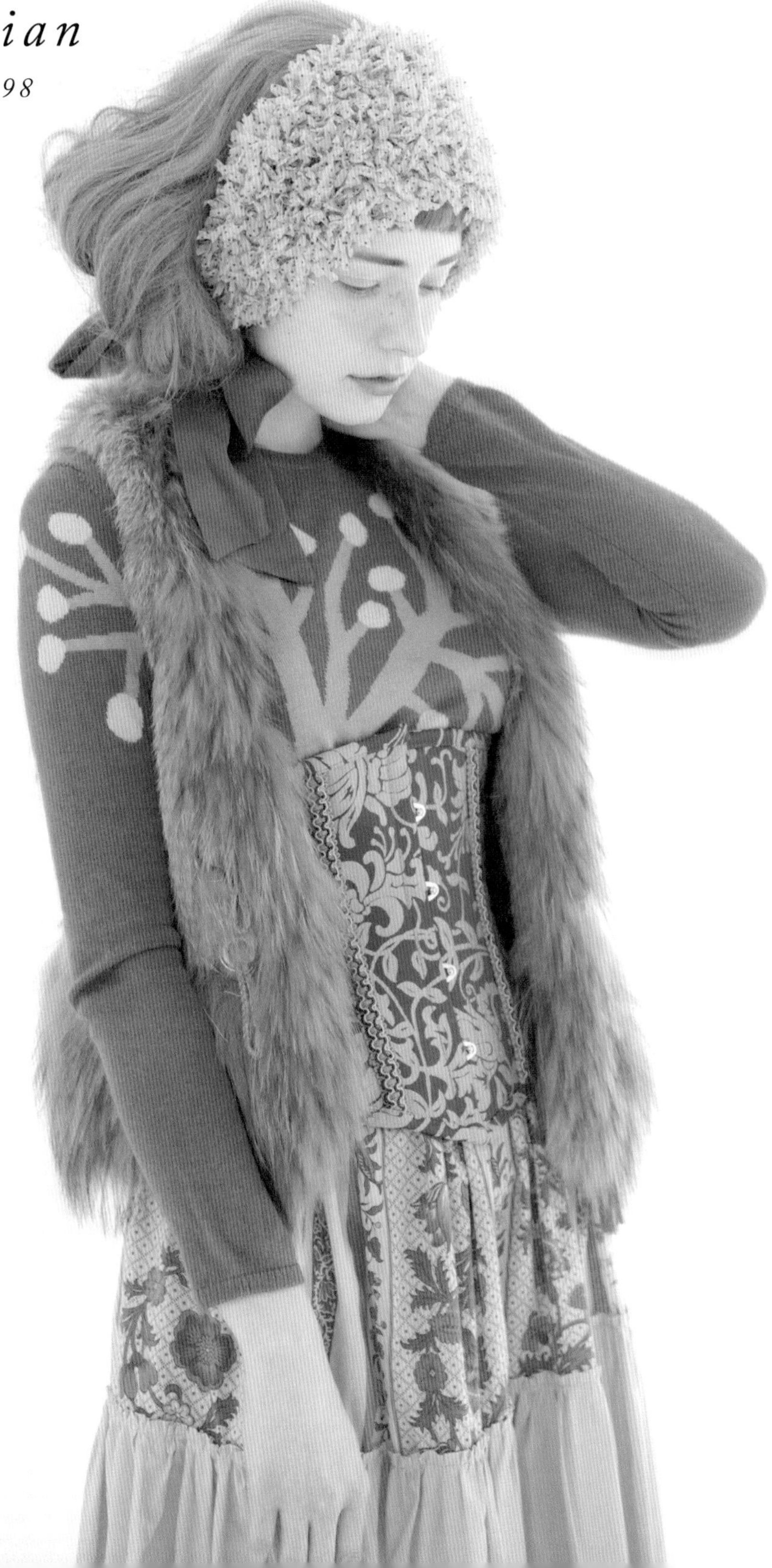

no. *17*

お正月

New year

see page 76

38

no. **18**

お正月
New year
see page 99

no. **19**

バレンタイン
St.Valentine's day
see page 100

タキシードメンズ
Tuxedo men's
see page 101

no. 21

オードリー
Audrey

see page 102

ウェディング　お色直し
Changing dress
see page 103

no.23

ウエディング　メンズ

Men's Wedding

see page 76

no.24

ウェディング
Wedding

see page 108

how to wear
how to make

コルセットは一人でも慣れれば簡単につけることができます。
そして軽く締めただけでもきれいなくびれのラインが出るよう
に作っています。
コルセットをつけるときは無理にぎゅうぎゅうと締めるのでは
なく、自分に合った無理のない範囲で締めてください。
コルセットを作るための特別なテクニックはありません。バスク
やボーンといった材料があれば簡単に作ることができます。注意
することは形の似た小さなパーツを縫い合わせますから、上
下、左右を間違えないようにしましょう。

コルセットのつけ方

一人でコルセットをつけるときは、鏡で後ろ姿を確かめながら、少しずつ引き締めます。

1 コルセットの後ろ中心を真ん中にして、ウエストあたりをつかんで持つ。

2 そのまま左右の手を互い違いに回すようにしながら、中央の交差しているリボンをゆるめていく。

3 中央のリボンが20〜30cmぐらい開くまでリボンをゆるめる。

4 体にコルセットを巻き、バスクのホックを中央からとめる。

5 鏡で後ろ姿を確かめ、後ろ中心当て布を平らに整える。ひも部分のリボンの輪のところを持って、左右にぎゅっと引く。

6 ひも部分の両方のリボンを片手で持ち、もう一方の手で中央の交差しているリボンを、上から順に引っ張って締める。

保管のしかた

交差部分のリボンをゆるめたまま四つ折りにし、ひも部分のリボンを巻いてまとめます。

7 リボンを左右に引いて締める。6、7を繰り返し、後ろ中心当て布を整えながら、全体を少しずつ引き締めていく。

8 鏡で後ろ姿を確かめながら、好みの状態まで引き締め、最後にリボンを結ぶ。

how to make
サイズ表

●付録の実物大パターンについて

付録の実物大パターンは、ベリーショート、ショート、ロングの各タイプともに身幅はS、M、L、LLの4サイズにグレーディングしています。着丈はバスク、ボーンの長さが変化しないように共通です。サイズ表は、最大に締めたときとゆるめたときの2つの数値を表示しています。サイズは、ご自分のヌード寸法のバスト、ウエスト、ミドルヒップのいちばん大きい数値を基準に選びましょう。それぞれのサイズには12cmの許容範囲がありますが、これは着用後のリボンの締めぐあいで調節してください。

サイズ表（単位はcm）

		サイズ	S	M	L	LL
仕上り寸法	ベリーショート ショート	アンダーバスト	58〜70	62〜74	68〜82	74〜86
		ウエスト	46〜58	50〜62	56〜68	62〜74
		ミドルヒップ	64〜78	68〜80	74〜86	80〜92
	ロング	バスト	63〜75	67〜79	73〜85	79〜91
		ウエスト	46〜58	50〜62	56〜68	62〜74
		ミドルヒップ	64〜78	68〜80	74〜86	80〜92

※最小値は前端から後ろ端までの仕上り寸法
※最大値はリボンをゆるめた着用状態

how to make

コルセット作りの基本プロセス

テープやレース、別布などを使わずに、表布だけで作る基本の形。
この本のすべてのコルセットの作り方の基本になります。(パターンはショートタイプを使用)

●材料 (ショートタイプ)
表布=110cm幅60cm
裏布 (7号帆布または綾織り木綿) =110cm幅
30cm
接着芯=90cm幅60cm
厚手接着芯 (表布に使用する芯でも可) =
15×30cm
バスク=9in (約22.5cm) 1組み
スチールボーン (ホワイト) =0.6cm幅8.5in
(約21.5cm) 4本
スパイラルボーン=0.6cm幅7.5・8・8.5in
(約19・20・21.5cm) 各2本
綾織り綿テープ=2cm幅1m50cm
はと目かん=内径0.4cm24組み
サテンリボン=0.6cm幅6m

●材料について
<表布>
コルセットは着用するときに強く引っ張るので、
薄い布、織りの粗い布、伸縮性のある布は不
向きです。身頃の表布は、補強のために必ず
裏面に接着芯をはります。
<裏布>
やや厚地のしっかりした木綿地 (7号帆布ま
たは綾織り木綿) を使います。
<バスク>
コルセットの前あきに使うスチール製のとめ
具。ショートコルセット用のバスクにはとめ
具が4つのものと5つのものがありますが、ど
ちらでも作り方は同じです。いずれもとめ側と
受け側の上下を間違えないように注意してく
ださい。
<ボーン>
コルセットのシルエットを保つために、各パーツ
のはぎ目に入れるスチール製の芯。板状の
スチールボーンと柔軟性のあるスパイラルボー
ンの2種類を使います.
※バスクと2種類のボーンは輸入商品のた
め、in(cm) で表示しています。
<綾織り綿テープ>
ボーンを入れるときの当て布として使います。

バスク

とめ側　受け側

スチールボーン

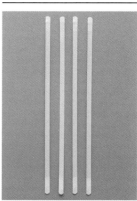

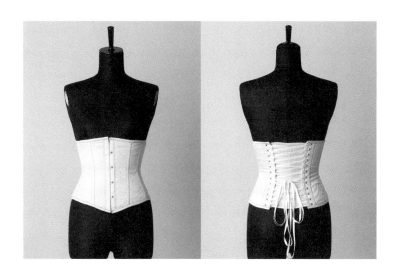

スパイラルボーン

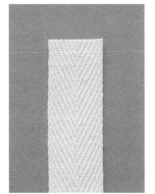

綾織り綿テープ

はと目かん

サテンリボン

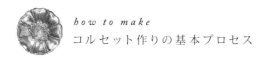

パターン作りと裁断

パターン作り

・パターンは付録の実物大パターンを使います。

1　実物大パターンの2面にあるショートタイプの中から、作りたいサイズの線を別紙に写し取ります。必要なパターンは後ろ身頃、後ろ脇身頃、脇身頃、前脇身頃、前身頃、後ろ中心当て布の6枚。パターンの形が似ているので、間違えないように必ずパーツの名称を書き込み、布目線、はと目位置なども写し取ります。

2　写し取った各パーツに、図示した寸法の縫い代をつけ、縫い代線で切り取ります。各デザインの縫い代寸法は、作り方ページの裁合せ図に表記しています。

用意するパターン
（ショートタイプ：2面）

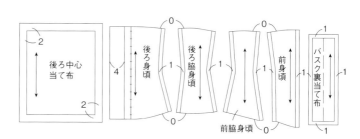

裁断

●表布

1　裁合せ図を参考に、各パーツを布に配置して確認をします。

2　まず後ろ中心当て布を1枚、縁とり布を2枚裁ちます。縁とり布はパターンを作らずに、裁合せ図の寸法でカットします。厚みのある布地を使用する場合は4.5cm幅でカットしてください。

3　身頃を裁つ位置の裏面全体に接着芯をはってから、後ろ身頃、後ろ脇身頃、前身頃、前脇身頃を各2枚ずつ、バスク裏当て布を1枚をパターンどおりに裁ちます。

・出来上り線の印つけは省き、縫うときに、決められた縫い代寸法でミシンをかけます。

裁合せ図

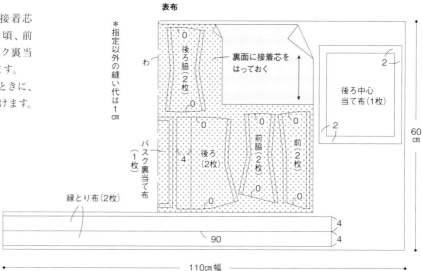

●裏布

裏布で裁断するのは後ろ身頃、後ろ脇身頃、前身頃、前脇身頃の4パーツ。裁合せ図を参考に各パーツを布に配置し、パターンどおりに各2枚ずつ裁ちます。

●厚手接着芯

バスクをくるむ布を、裁合せ図の寸法で2枚裁ちます。バスクはスチール製なので、表布を傷めないように接着芯でくるんでから前端に入れます。表布に使用した芯でもよいでしょう。この場合は、接着しません。

裁合せ図

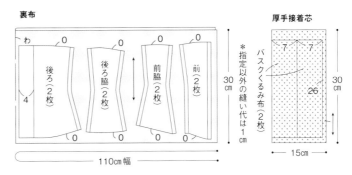

裏布

わ　0　0　0　0

後ろ（2枚）　後ろ脇（2枚）　前脇（2枚）　前（2枚）

4

0　0　0　0

30cm

＊指定以外の縫い代は1cm

110cm幅

厚手接着芯

7　7

バスクくるみ布（2枚）

26

30cm

15cm

表布

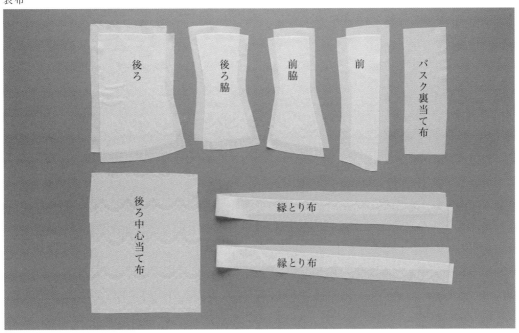

後ろ

後ろ脇

前脇

前

バスク裏当て布

後ろ中心当て布

縁とり布

縁とり布

裏布

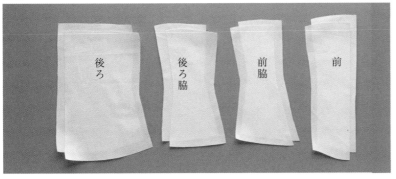

後ろ

後ろ脇

前脇

前

厚手接着芯

バスクくるみ布

コルセット作りの基本プロセス

縫い方

 01 後ろ身頃、後ろ脇身頃、前脇身頃を縫い合わせる

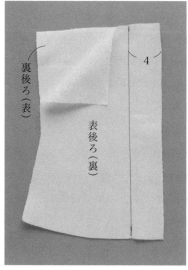

裏後ろ（表）
表後ろ（裏）
4

1 表布と裏布の後ろ身頃を中表に合わせ、後ろ端を4cmの縫い代で縫う。

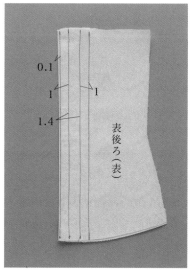

0.1
1
1
1.4
表後ろ（表）

2 表に返してアイロンで整え、後ろ端にステッチを4本かける。

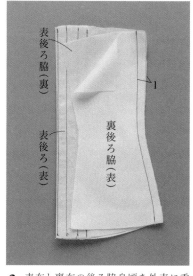

表後ろ脇（裏）
表後ろ（表）
1
裏後ろ脇（表）

3 表布と裏布の後ろ脇身頃を外表に重ね、2枚を一緒にして*2*の後ろ身頃と中表に合わせ、4枚を一緒に縫う。縫い代は4枚一緒に後ろ中心側に倒してアイロンで整える。

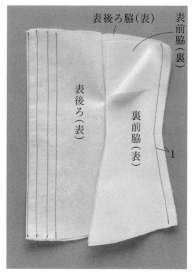

表後ろ脇（表）
表前脇（裏）
表後ろ（表）
裏前脇（表）
1

4 表布と裏布の前脇身頃を外表に重ね、2枚を一緒にして*3*の後ろ脇身頃と中表に合わせ、脇を4枚一緒に縫う。縫い代は後ろ側に倒す。

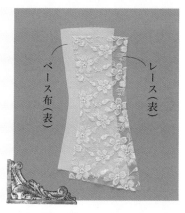

ベース布（表）
レース（表）

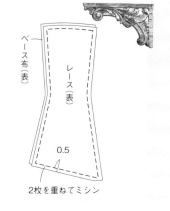

ベース布（表）
レース（表）
0.5
2枚を重ねてミシン

レースやチュールなど透ける布を使うとき
レースやチュールなどを使ってコルセットを作りたい場合は、サテンなど密に織られた布をベース布に使います。レース、ベース布ともパターンどおりに裁ち、ベース布の表面にレースを重ね、2枚を1枚の表布として縫い合わせます。2枚がずれないように周囲にミシンをかけておくといいでしょう。

02 前端にバスクを入れる

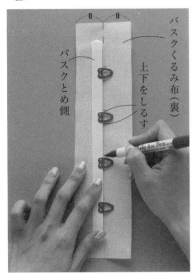

1 バスクくるみ布を半分に折って中央を決め、その中央にバスクとめ側を写真のように合わせ、とめ金具の上下の位置に印をつける。

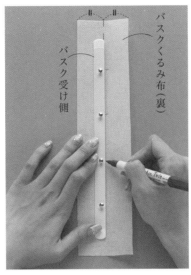

2 もう1枚のバスクくるみ布も半分に折って中央を決め、その中央にバスク受け側を合わせて金具の位置に印をつける。

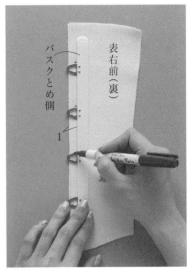

3 表布の右前身頃裏面の前端に、バスクとめ側を裏返して合わせる。バスクと前端の上下の中央も合わせ、とめ金具の上下の位置をしるす。

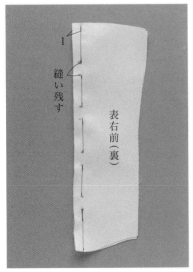

4 表布と裏布の右前身頃を中表に合わせ、*3* でしるした金具位置を残して前端を縫う。

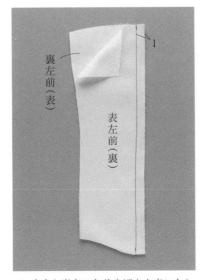

5 表布と裏布の左前身頃を中表に合わせ、前端を縫う。

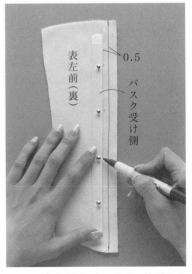

6 *5* の表左前身頃の裏面に前端から0.5cm離れた位置にバスク受け側を合わせる。バスクと前端の上下の中央も合わせ、バスクの金具位置をしるす。

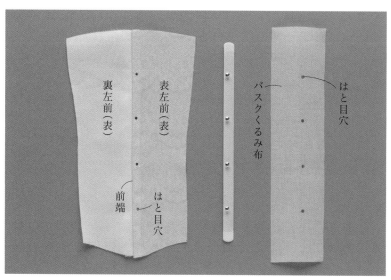

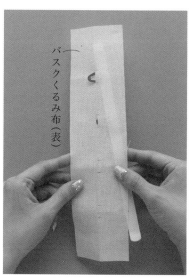

7 左前端の縫い代を割り、割った縫い代も一緒に6で印をつけた位置に、はと目穴（はと目かんの付属の用具を使用）をあける。2で印をつけたバスクくるみ布にもはと目穴をあける。

8 1のバスクくるみ布の金具の位置に切込みを入れ、バスクとめ側の金具を通す。

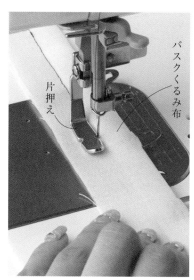

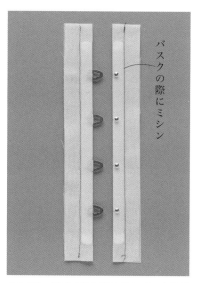

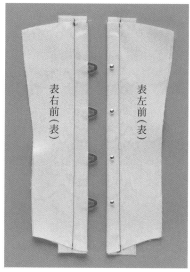

9 8のとめ側の金具を通したくるみ布を半分に折り、バスクの際を縫う。ミシンをかけるときは、押え金を片押え（ファスナー押え）に替える。

10 7のバスクくるみ布の穴にバスク受け側の金具を通し、半分に折って9と同じ要領でバスクの際を縫う。接着芯でくるんだバスクの出来上り。

11 左右前身頃の表布と裏布の間に、10のバスクを入れ、9と同じ要領でバスクの際にステッチをかける。

03 バスク裏当て布を作ってつける

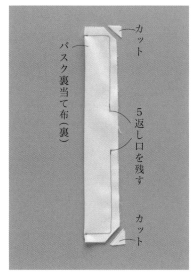

カット

バスク裏当て布（裏）

5 返し口を残す

カット

1 バスク裏当て布を中表に折り、返し口を5cmぐらい残して縫う。上下の角は縫い代を斜めにカットする。

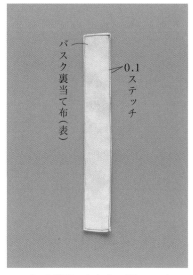

バスク裏当て布（表）

0.1 ステッチ

2 バスク裏当て布を表に返してアイロンで整え、周囲にステッチをかける。

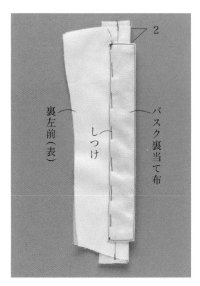

2

裏左前（表）

しつけ

バスク裏当て布

1

前端

しつけ

当て布

3 左前端の裏側にバスク裏当て布を重ね、しつけでとめる。

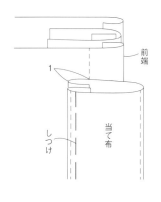

0.5

表右前（表）

0.5

表左前（表）

4 表左前身頃側からステッチをかけてバスク裏当て布を縫いとめる。右前身頃の前端にも同じ幅でステッチをかける。

04 前切替え線を縫い、綿テープをつける

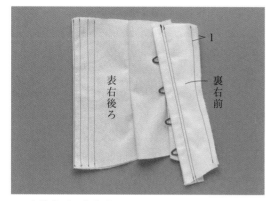

1　表前身頃と表前脇身頃を中表に合わせ、4枚一緒に縫う。縫い代を脇側に倒す。

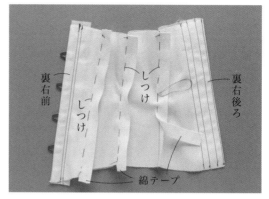

2　前切替え線、脇、後ろ切替え線の縫い代に綿テープを重ねてしつけでとめる。

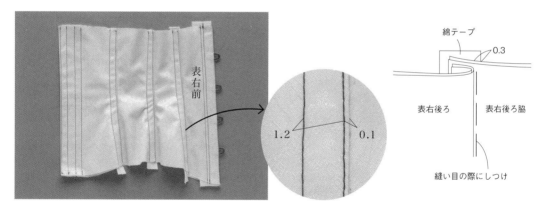

3　表身頃側から各縫い目に2本ステッチをかけ、裏に当てた綿テープを縫いとめる。

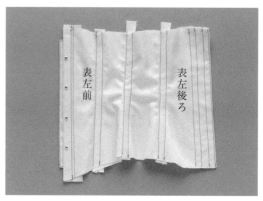

4　左身頃も同様に縫い合わせ、縫い代に綿テープを当ててステッチをかける。

05 縁とりをしてボーンを入れる

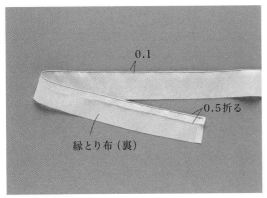

0.1

0.5折る

縁とり布（裏）

1 縁とり布は2枚ともそれぞれ半分の長さに切り、片端を0.5cm裏面に折ってミシンをかける。

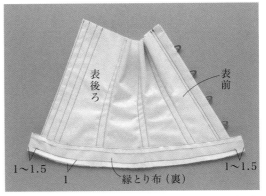

表後ろ

表前

1～1.5   1   1～1.5

縁とり布（裏）

2 身頃の裾に縁とり布を中表に合わせて縫う。もう1枚の身頃の裾も同様に縫う。

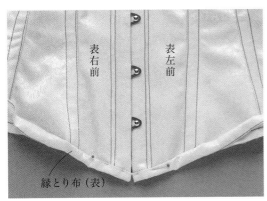

表右前   表左前

縁とり布（表）

3 縁とり布で裾をくるんでまち針でとめる。バスクをとめて左右の前裾が合っているか確かめる。ずれている場合は、*2*の縫い目をほどいて縫い直す。

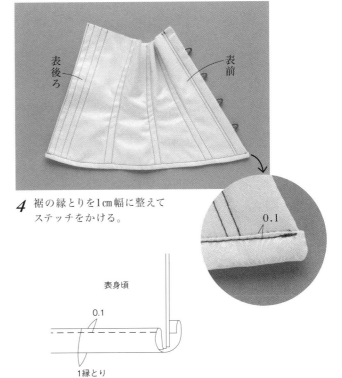

表後ろ

表前

0.1

4 裾の縁とりを1cm幅に整えてステッチをかける。

表身頃

0.1

1縁とり

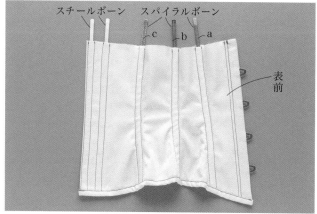

5 後ろ端のステッチの間、2か所にスチール
ボーンを通す。前後の切替え線と脇縫い
目は、縫い代と綿テープの間にスパイラ
ルボーンを通す。ボーンは裾の縫い目ま
でしっかり押し込む。
前中心側から
a…8.5in（約21.5cm）
b…7.5in（約19cm）
c…8in（約20cm）

＜ロングタイプの場合＞
a…12in（約30.5cm）
b…11in（約28cm）
c…10.5in（約26.7cm）

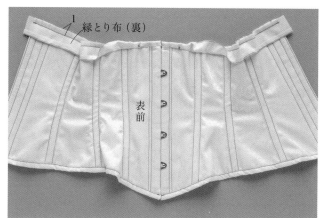

6 *2,3*と同じように身頃の上端に縁とり布
を中表に合わせて縫い、上端を縁とり布
でくるんでまち針でとめ、バスクをとめて
左右の上端が合っているかを確かめる。

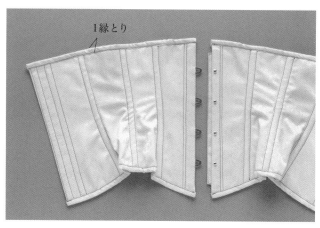

7 上端の縁とりを1cm幅に整え、ステッチ
をかける。

06 はと目かん、後ろ中心当て布をつける

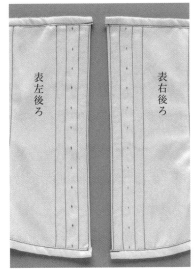

1 左右の表後ろ身頃にはと目位置をしるす。

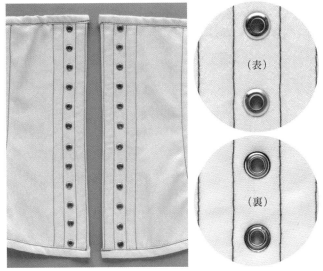

2 印の位置に、はと目かんの付属の用具で穴をあけ、はと目かんを打ちつける。

3 後ろ中心当て布の周囲の縫い代を1cm幅の三つ折りにしてミシンをかける。

4 右裏後ろ身頃の後ろ端に、後ろ中心当て布を4cm重ねて合わせる。表側から後ろ端のいちばん脇側のステッチに重ねてミシンをかけ、当て布をとめる。

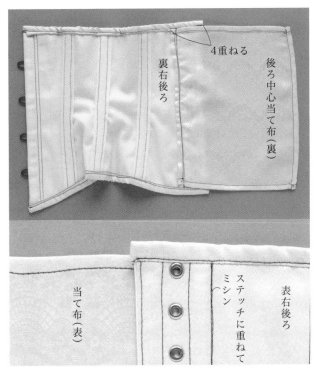

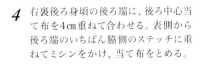

07 サテンリボンを通す

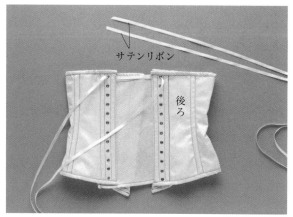

1 後ろのはと目かんに6mのサテンリボンを通す。まずいちば
ん上のはと目かんに内側から外側に向かってリボンを通
し、リボンの両端をそろえて左右を同じ長さにする。

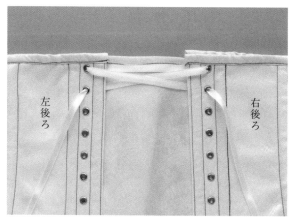

2 右後ろのリボンは左後ろの2番目の穴に、左後ろのリボンは
右後ろの2番目の穴に、それぞれ内側から外側に向かって
通す。

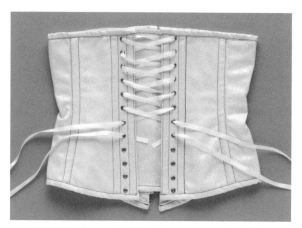

3 同じ要領でリボンを交差させながら、左右の穴に通す。7番
目の穴まで通したら、8番目はすぐ下の穴に、外側から内側
に向かって通す。

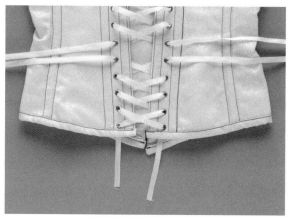

4 残りの穴に、*2*と同じ要領でリボンを交差させながら通すが、
いちばん下の穴は外側から通すとリボンの端が内側になる。

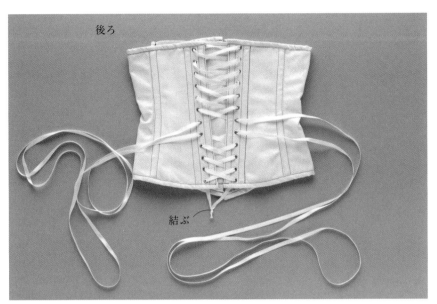

後ろ

結ぶ

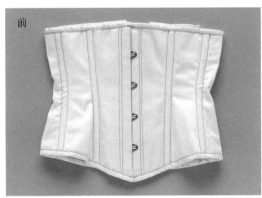

前

5 リボンの端を2本一緒に結ぶ。
リボンは7番目と8番目の穴
の間でたるませておく。出来
上り。

no. **1**

page **06**

パーティ

Party

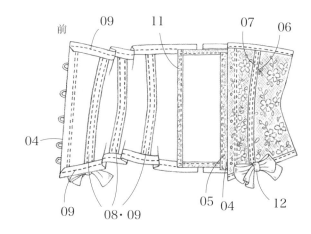

●用意するパターン（ショートタイプ：2面）

後ろ身頃　後ろ脇身頃　前身頃

前脇身頃　バスク裏当て布

後ろ中心当て布

●材料

表布（サテン）＝110cm幅50cm

チュールレース＝110cm幅40cm

チュール＝25×30cm

裏布（7号帆布または綾織り木綿）＝110cm幅30cm

接着芯＝90cm幅50cm

厚手接着芯（表布に使用する芯でも可）＝15×30cm

サテンリボン＝3.8cm幅2m60cm・1.2cm幅

1m50cm

バスク＝9in（約22.5cm）1組み

スチールボーン（ホワイト）＝0.6cm幅8.5in

（約21.5cm）4本

スパイラルボーン＝0.6cm幅7.5・8・8.5in

（約19・20・21.5cm）各2本

綾織り綿テープ＝2cm幅1m50cm

はと目かん＝内径0.4cm24組み

サテンリボン＝0.6cm幅6m

※裏布と厚手接着芯の裁ち方は、61ページ参照。

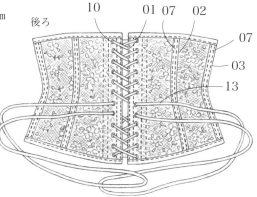

●作り方順序

（★は基本プロセスp.60〜参照）

※各パーツとも表布の表面にチュールレース、

　チュールを重ね、周囲を縫いとめておく。→p.62

01　後ろ端を縫い、ステッチをかける。★

02　表、裏布を一緒に、後ろ切替え線を縫う。★

03　表、裏布を一緒に、脇を縫う。★

04　バスクを接着芯でくるみ、前端に入れる。★

05　バスク裏当て布を作ってつける。★

06　表、裏布を一緒に、前切替え線を縫う。★

07　前後切替え線、脇縫い目の際に、1.2cm幅の

　　サテンリボンをしつけでとめる。→p.87

08　前後切替え線、脇縫い目の裏面に綿テープ

　　をつける。★

09　3.8cm幅のサテンリボンで縁とりをし（→p.87）、

　　ボーンを入れる。★

10　はと目かんをつける。★

11　後ろ中心当て布を作ってつける。★

12　3.8cm幅のサテンリボン40cmぐらいを蝶結

　　びにする。形を整え、中央の結び目がほど

　　けないように縫いとめてから、前切替え線の

　　裾にまつりつける。

13　はと目かんにサテンリボンを通す。★

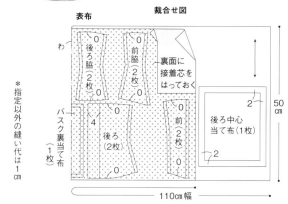

裁合せ図

表布

わ

裏面に
接着芯を
はっておく

＊指定以外の縫い代は1cm

後ろ脇（2枚）　前脇（2枚）

バスク裏当て布（1枚）

後ろ（2枚）

前（2枚）

後ろ中心当て布（1枚）

110cm幅

50cm

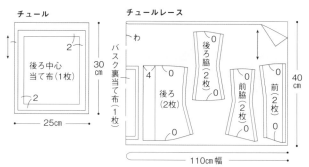

チュール

後ろ中心当て布（1枚）

25cm

30cm

チュールレース

わ

バスク裏当て布（1枚）

後ろ脇（2枚）

後ろ（2枚）

前脇（2枚）

前（2枚）

110cm幅

40cm

page08
no.2 ブリティッシュ
British

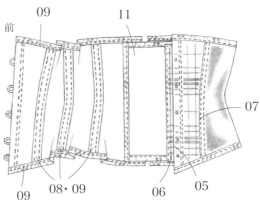

●用意するパターン（ショートタイプ：2面）
後ろ身頃　後ろ脇身頃　前身頃　前脇身頃
バスク裏当て布　後ろ中心当て布
縁とり布、テープ布はパターンを作らずに、
裁合せ図の寸法でカットする。

●材料
表布A（チェックのウール）＝150cm幅40cm
表布B（別珍）＝60×30cm
裏布（7号帆布または綾織り木綿）＝110cm幅30cm
接着芯＝90cm幅60cm
厚手接着芯（表布に使用する芯でも可）＝15×30cm
バスク＝9in（約22.5cm）1組み
スチールボーン（ホワイト）＝0.6cm幅8.5in
（約21.5cm）4本
スパイラルボーン＝0.6cm幅7.5・8・8.5in
（約19・20・21.5cm）各2本
綾織り綿テープ＝2cm幅1m50cm
はと目かん＝内径0.4cm24組み
サテンリボン＝0.6cm幅6m
※裏布と厚手接着芯の裁ち方は、61ページ参照。

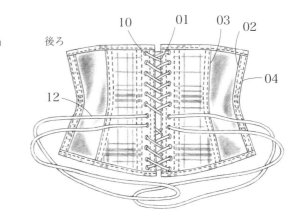

●作り方順序
（★は基本プロセスp.60〜参照）
01　後ろ端を縫い、ステッチをかける。★
02　表後ろ脇身頃にテープ布をつける。
　　→図
03　表、裏布を一緒に、後ろ切替え線を
　　縫う。★
04　表、裏布を一緒に、脇を縫う。★
05　バスクを接着芯でくるみ、前端に入れ
　　る。★
06　バスク裏当て布を作ってつける。★
07　表、裏布を一緒に、前切替え線を縫
　　う。★
08　前後切替え線、脇縫い目の裏面に綿
　　テープをつける。★
09　縁とりをしてボーンを入れる。★
10　はと目かんをつける。★
11　後ろ中心当て布を作ってつける。★
12　はと目かんにサテンリボンを通す。★

02　表後ろ脇身頃にテープ布をつける

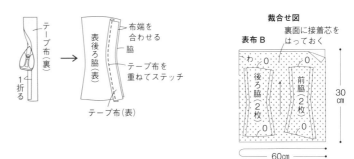

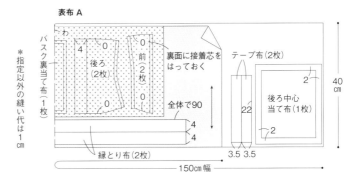

73

page 10
ミリタリー
Military

no.3

●用意するパターン（ショートタイプ：2面）
後ろ身頃　後ろ脇身頃　前身頃　前脇身頃
バスク裏当て布　後ろ中心当て布
縁とり布はパターンを作らずに、
裁合せ図の寸法でカットする。

●材料
表布（花プリント）＝110cm幅60cm
チュール＝110cm幅60cm
裏布（7号帆布または綾織り木綿）
＝110cm幅30cm
接着芯＝90cm幅60cm
厚手接着芯（表布に使用する芯でも可）
＝15×30cm
レース＝2cm幅1m
バスク＝9in（約22.5cm）1組み
スチールボーン（ホワイト）＝0.6cm幅8.5in
（約21.5cm）4本
スパイラルボーン＝0.6cm幅7.5・8・8.5in
（約19・20・21.5cm）各2本
綾織り綿テープ＝2cm幅1m50cm
はと目かん＝内径0.4cm24組み
サテンリボン＝0.6cm幅1m（レースに通す分）・
6m（はと目かんに通す分）
※裏布と厚手接着芯の裁ち方は、61ページ参照。

●作り方順序
（★は基本プロセスp.60〜参照）
※各パーツとも表布の表面にチュールを
　重ね、周囲を縫いとめておく。→p.62
01　後ろ端を縫い、ステッチをかける。★
02　表、裏布を一緒に、後ろ切替え線を
　　縫う。★
03　表、裏布を一緒に脇を縫う。★
04　バスクを接着芯でくるみ、前端に入
　　れる。★
05　バスク裏当て布を作ってつける。★
06　表、裏布を一緒に、前切替え線を縫
　　う。★
07　レースにリボンを通し、前後切替え線
　　にしつけでとめる。→図
08　前後切替え線、脇縫い目の裏面に綿
　　テープをつける。★
09　縁とりをしてボーンを入れる。★
10　はと目かんをつける。★
11　後ろ中心当て布を作ってつける。★
12　はと目かんにサテンリボンを通す。★

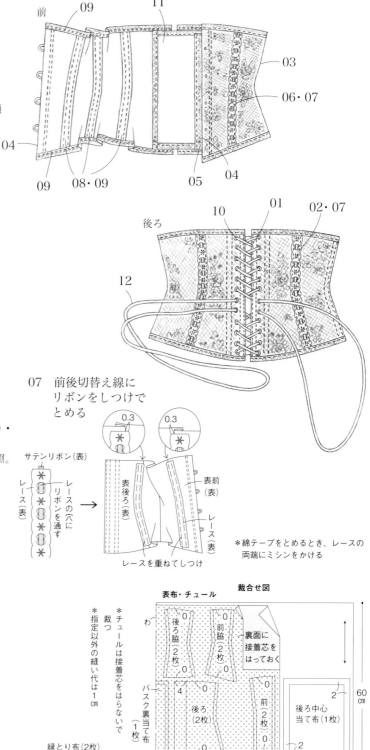

07　前後切替え線に
　　リボンをしつけで
　　とめる

*綿テープをとめるとき、レースの
　両端にミシンをかける

74

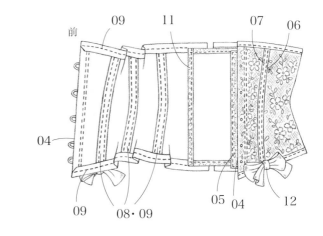

page 12

パーティ

no. **4** *Party*

●用意するパターン（ショートタイプ：2面）
後ろ身頃　後ろ脇身頃　前身頃
前脇身頃　バスク裏当て布
後ろ中心当て布

●材料
表布（サテン）＝110cm幅50cm
チュールレース＝110cm幅40cm
チュール＝25×30cm
裏布（7号帆布または綾織り木綿）
＝110cm幅30cm
接着芯＝90cm幅50cm
厚手接着芯（表布に使用する芯でも可）
＝15×30cm
サテンリボン＝3.8cm幅2m60cm・1.2cm幅
1m50cm
バスク＝9in（約22.5cm）1組み
スチールボーン（ホワイト）＝0.6cm幅8.5in
（約21.5cm）4本
スパイラルボーン＝0.6cm幅7.5・8・8.5in
（約19・20・21.5cm）各2本
綾織り綿テープ＝2cm幅1m50cm
はと目かん＝内径0.4cm24組み
サテンリボン＝0.6cm幅6m
※裏布と厚手接着芯の裁ち方は、61ページ参照。

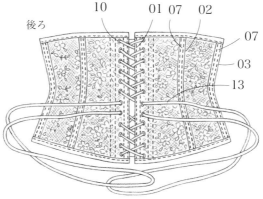

●作り方順序
（★は基本プロセスp.60～参照）
※各パーツとも表布の表面にチュールレース、
　チュールを重ね、周囲を縫いとめておく。→p.62
01　後ろ端を縫い、ステッチをかける。★
02　表、裏布を一緒に、後ろ切替え線を縫う。★
03　表、裏布を一緒に、脇を縫う。★
04　バスクを接着芯でくるみ、前端に入れる。★
05　バスク裏当て布を作ってつける。★
06　表、裏布を一緒に、前切替え線を縫う。★
07　前後切替え線、脇縫い目の際に、1.2cm幅の
　　サテンリボンをしつけでとめる。→p.87
08　前後切替え線、脇縫い目の裏面に綿テープ
　　をつける。★
09　3.8cm幅のサテンリボンで縁とりをし（→p.87）、
　　ボーンを入れる。★
10　はと目かんをつける。★
11　後ろ中心当て布を作ってつける。★
12　3.8cm幅のサテンリボン40cmぐらいを蝶結
　　びにする。形を整え、中央の結び目がほど
　　けないように縫いとめてから、前切替え線の
　　裾にまつりつける。
13　はと目かんにサテンリボンを通す。★

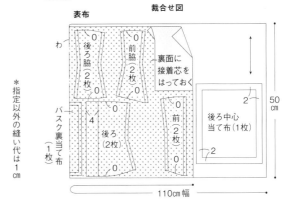

裁合せ図

表布

後ろ脇（2枚）
前脇（2枚）
裏面に
接着芯を
はっておく
後ろ（2枚）
前（2枚）
バスク裏当て布（1枚）
後ろ中心
当て布（1枚）
＊指定以外の縫い代は1cm
110cm幅
50cm

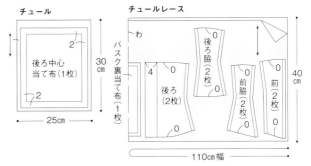

チュール

後ろ中心
当て布（1枚）
25cm
30cm

チュールレース

後ろ脇（2枚）
前脇（2枚）
前（2枚）
後ろ（2枚）
バスク裏当て布（1枚）
40cm
110cm幅

how to make

ベリーショートコルセット作りのプロセス

前あきにホックテープを使った、ベリーショートタイプのコルセットの作り方。
前あきのホックテープ以外は58ページからの「コルセット作りの基本のプロセス」と同様です。

●材料 (no.5、no.17、no.23)
no.5 (プリント)・no.23 (サテン) =110cm
幅50cm
no.17 (ストライプの木綿) =110cm幅40cm
別布 (no.17のみ・無地の木綿) =80×10cm
裏布 (7号帆布または綾織り木綿)
=110cm幅20cm
接着芯=90cm幅40cm
ホックテープ=約20cm
スパイラルボーン=0.6cm幅4・4.5・5in
(約10・11.3・12.5cm) 各4本
5.5in (約13.7cm) 2本
綾織り綿テープ=2cm幅1m70cm
はと目かん=内径0.4cm14組み
サテンリボン=0.6cm幅4m50cm

●パターン作り
・パターンは付録の実物大パターンを使います。
1 実物大パターンの1面にあるベリーショートタイプの中から、作りたいサイズの線を別紙に写し取ります。必要なパターンは後ろ身頃、後ろ脇身頃、脇身頃、前脇身頃、前身頃、ホックテープ裏当て布、後ろ中心当て布の7枚。パターンの形が似ているので、間違えないように必ずパーツの名称を書き込み、布目線、はと目位置なども写し取ります。
2 写し取った各パーツに、図示した寸法の縫い代をつけ、縫い代線で切り取ります。

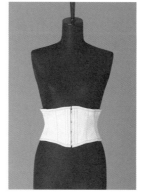

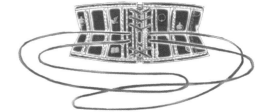

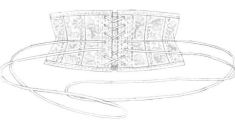

用意するパターン (ベリーショートタイプ:1面)

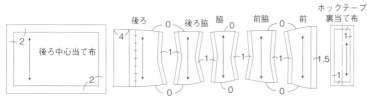

裁合せ図

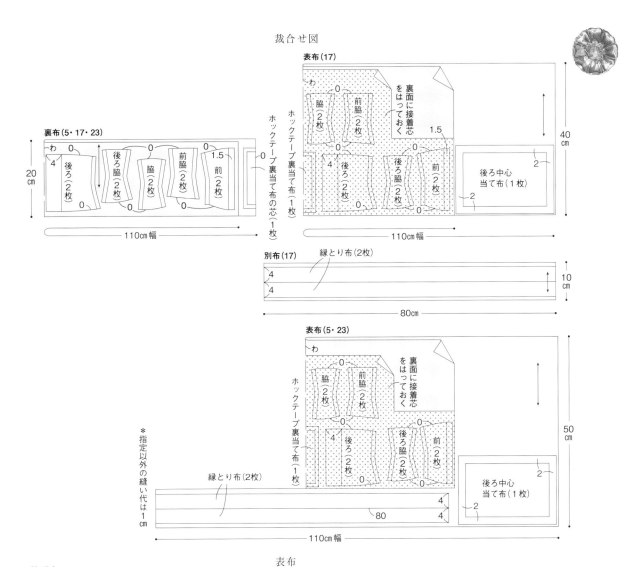

表布(17)

わ

脇
(2枚)

前脇
(2枚)

裏面に接着芯
をはっておく

0

0

1.5

40
cm

0

4

後ろ
(2枚)

後ろ脇
(2枚)

前
(2枚)

2

後ろ中心
当て布(1枚)

0

2

ホックテープ裏当て布の芯(1枚)

ホックテープ裏当て布(1枚)

110cm幅

裏布(5・17・23)

わ

0

0

0

1.5

0

20
cm

4

後ろ
(2枚)

後ろ脇
(2枚)

脇
(2枚)

前脇
(2枚)

前
(2枚)

0

110cm幅

別布(17)

縁とり布(2枚)

4
4

10
cm

80cm

表布(5・23)

わ

0

脇
(2枚)

前脇
(2枚)

裏面に接着芯
をはっておく

0

50
cm

4

後ろ
(2枚)

後ろ脇
(2枚)

前
(2枚)

2

後ろ中心
当て布(1枚)

0

2

ホックテープ裏当て布(1枚)

* 指定以外の縫い代は1cm

縁とり布(2枚)

4

80

4

2

110cm幅

裁断

裁合せ図を参考にパターンを布に配置し、パターンどおりに布を裁断します。

● 表布

まず後ろ中心当て布、縁とり布を裁ちます。縁とり布はパターンを作らずに裁合せ図の寸法で2枚裁断します (no.17の縁とり布は別布で裁ちます)。厚みのある布地を使用する場合は4.5cm幅でカットしてください。次に残っている布の裏面に接着芯をはり、身頃の各パーツを2枚ずつ、ホックテープ裏当て布を1枚裁断します。

● 裏布

身頃の各パーツをパターンどおりに2枚ずつ、ホックテープ裏当て布の芯をパターンの半分の幅で1枚裁ちます。

表布

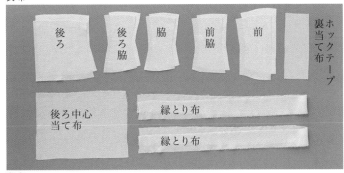

後ろ

後ろ脇

脇

前脇

前

ホックテープ裏当て布

後ろ中心当て布

縁とり布

縁とり布

裏布

後ろ

後ろ脇

脇

前脇

前

ホックテープ裏当て布の芯

縫い方

 01 後ろ端を縫う

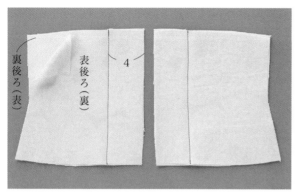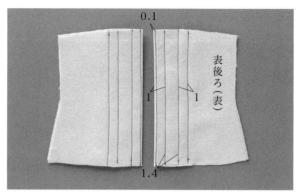

1 表布と裏布の後ろ身頃を中表に合わせ、後ろ端を4cmの縫い代で縫う。

2 表に返してアイロンで整え、後ろ端にステッチをかける。

02 身頃の各パーツを縫い合わせる

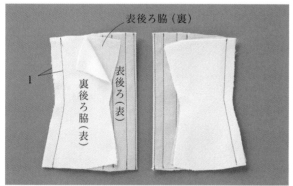

1 表布と裏布の後ろ脇身頃を外表に合わせ、2枚を一緒にして後ろ身頃と中表に合わせ、4枚一緒に縫う。

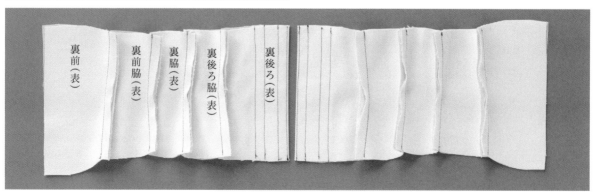

2 残りの身頃のパーツも**1**と同様にそれぞれ表布と裏布を外表に合わせ、4枚を一緒に縫い合わせる。縫い代はすべて後ろ側に倒す。

03 前端にホックテープをつける

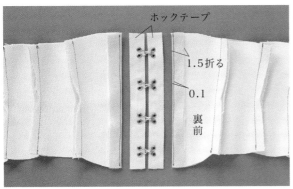

ホックテープ
1.5折る
0.1
裏前

1 前端の縫い代1.5cmを裏布側に折り、端にステッチをかける。ホックテープはホックをとめたまま前端の長さに合わせてカットする。

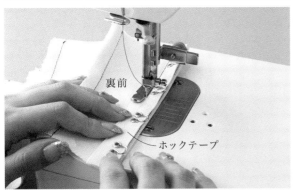

裏前
ホックテープ

2 ホックを外し、ホックテープを前端縫い代に重ねる。テープ端を前端に合わせ、ホックの際をミシンで縫う。ミシンをかけるときは押え金を片押え（ファスナー押え）に替え、右前端にホックのかぎ側のテープを、左前端には受け側のテープを縫いとめる。

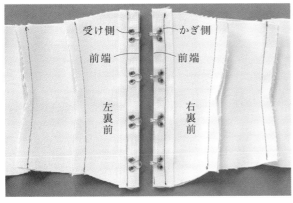

受け側
前端
左裏前
かぎ側
前端
右裏前

3 ホックをとめると左右の前端が突合せになる。

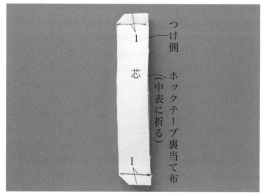

つけ側
芯
ホックテープ裏当て布（中表に折る）
1
1

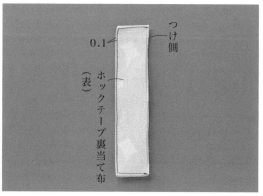

0.1
つけ側
ホックテープ裏当て布（表）

1 ホックテープ裏当て布を中表に折り、芯（裏布）を重ねて上下を縫う。角の縫い代は斜めにカットする。

2 表に返してアイロンで整え、つけ側以外の3辺にステッチをかける。

05 切替え線と前端に綿テープをつける

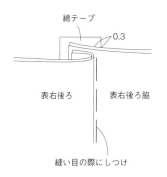

綿テープ
0.3
表右後ろ　表右後ろ脇
縫い目の際にしつけ

綿テープ
裏左後ろ（表）
裏左後ろ脇（表）
裏左脇（表）
裏左前脇（表）
裏左前（表）
ホックテープ裏当て布（表）

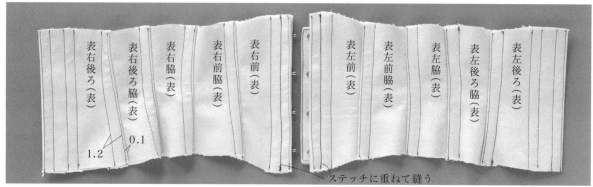

表右後ろ（表）
表右後ろ脇（表）
表右脇（表）
表右前脇（表）
表右前（表）
表左前（表）
表左前脇（表）
表左脇（表）
表左後ろ脇（表）
表左後ろ（表）
1.2
0.1
ステッチに重ねて縫う

身頃裏側の各切替え線の縫い代に綿テープを重ね、左上図のように表布側から切替え線の際にしつけをかける。次に表布側から2本のステッチをかけて綿テープの両端をとめる。前端はホックテープの縫い代に綿テープを重ねて縫うが、左前端はホックテープ裏当て布をはさんでミシンをかける。

06 縁とりをしてボーンを入れる

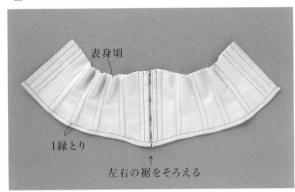

表身頃

1縁とり

↑
左右の裾をそろえる

1 縁とり布で身頃の裾をp.67の要領でくるみ、1㎝幅に縁とりをする。

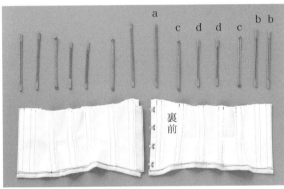

a

c d d c b b

裏
前

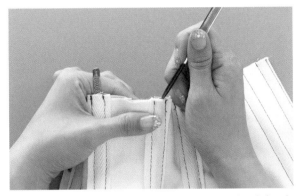

2 ボーンは後ろ端のステッチの間2か所と綿テープ位置に通すので、全部で14本のスパイラルボーンを用意する。長さが4サイズあるので、間違えないよう、入れる位置に合わせて並べておく。
　　　a … 5.5in(約13.7㎝)　　b … 5in(約12.5㎝)
　　　c … 4.5in(約11.3㎝)　　d … 4in(約10㎝)

3 綿テープ位置は綿テープと縫い代の間に、後ろ端は裏布と裏布の縫い代の間にボーンを通す。ボーンはドライバーなどを使って、裾縫い目までしっかり押し込む。

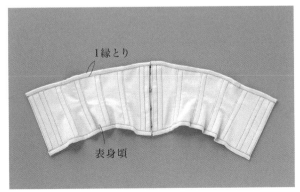

1縁とり

表身頃

4 身頃の上端を、**1**と同じ要領で縁とり布でくるむ。

07 後ろ中心当て布を作ってつける

4～4.5重ねる

裏右後ろ

（裏）

後ろ中心当て布

1三つ折り

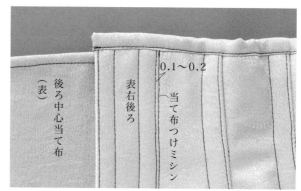

0.1～0.2

後ろ中心当て布

（表）

表右後ろ

当て布つけミシン

後ろ中心当て布の周囲の縫い代を三つ折りにして縫い、右後ろ端の裏側に4～4.5cm重ねる。表身頃側から後ろ端のいちばん脇側のステッチの際にミシンをかけて縫いとめる。ステッチは重ねてもよい。

08 はと目かんをつけ、サテンリボンを通す

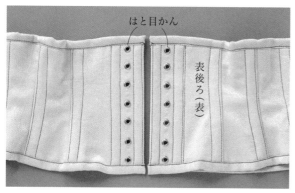

はと目かん

表後ろ（表）

1 後ろ中心当て布をよけて、左右の後ろ端にはと目かんを打ちつける。

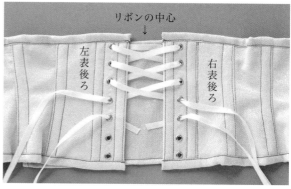

リボンの中心

左表後ろ

右表後ろ

2 4.5mのサテンリボンを、左右のはと目かんに上から順に写真のように通す。リボンを交差させながら穴の内側から入れて外側に出すが、4番目の穴まで通したら5番目はすぐ下の穴に外側から内側入れる。

3 残りの穴に、*2* と同じ要領で通すが、いちばん下の穴は外側
から通すとリボンの端が内側になる。リボンの端を2本一緒
に結ぶ。リボンは5番目と6番目の間でたるませておく。出来
上り。

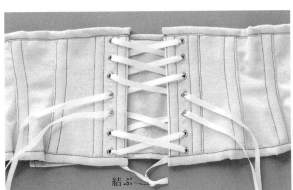

結ぶ

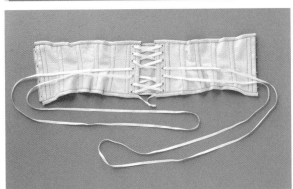

前
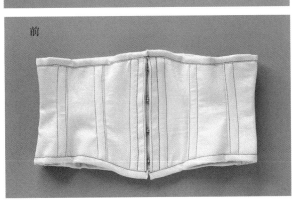

後ろ
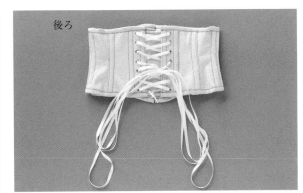

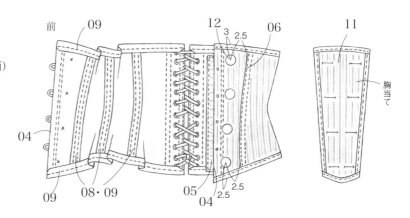

●用意するパターン（ショートタイプ：2面）
後ろ身頃　後ろ脇身頃　前身頃
前脇身頃　バスク裏当て布　胸当て

● 材料
表布（ストライプウール）＝110cm幅50cm
別布（サテン・くるみボタン分）＝適宜
裏布（7号帆布または綾織り木綿）
＝110cm幅40cm
接着芯＝90cm幅60cm
厚手接着芯（表布に使用する芯でも可）
＝15×30cm
サテンリボン＝3.8cm幅1m80cm・1.2cm幅
1m・1.6cm幅80cm（胸当て分）
バスク＝9in（約22.5cm）1組み
スチールボーン（ホワイト）＝0.6cm幅8.5in
（約21.5cm）4本
スパイラルボーン＝0.6cm幅7.5・8・8.5in
（約19・20・21.5cm）各2本
綾織り綿テープ＝2cm幅1m50cm
はと目かん＝内径0.4cm24組み
サテンリボン＝0.6cm幅6m
くるみボタン＝直径2cm8個
※厚手接着芯の裁ち方は、61ページ参照。

●作り方順序
（★は基本プロセスp.60〜参照）
01　後ろ端を縫い、ステッチをかける。★
02　表、裏布を一緒に、後ろ切替え線を
　　縫う。★
03　表、裏布を一緒に脇を縫う。★
04　バスクを接着芯でくるみ、前端に入
　　れる。★
05　バスク裏当て布を作ってつける。★
06　表、裏布を一緒に、前切替え線を縫
　　う。★
07　脇、後ろ切替え線に1.2cm幅のサテン
　　リボンをしつけてとめる。→p.87
08　前後切替え線、脇縫い目の裏面に綿
　　テープをつける。★
09　3.8cm幅のサテンリボンで縁とりをし
　　（→p.87）、ボーンを入れる。★
10　はと目かんをつける。★
11　胸当てを作る。→図
12　くるみボタンを作り、前身頃につける。
13　はと目かんにサテンリボンを通す。★

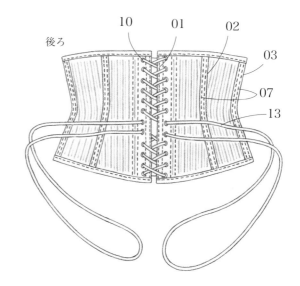

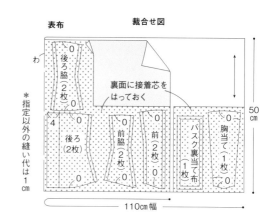

11　胸当てを作る

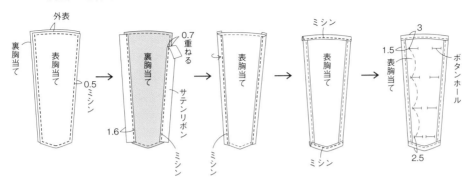

〈ボタンホールの作り方〉

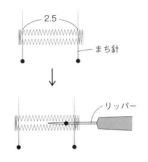

ミシンの機能を使ってボタンホール
ミシンをかけた後、中央にリッパー
で切込みを入れてボタンホールを作り
ます。

〈足つきボタンのつけ方〉

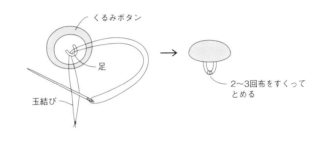

足つきボタンは、図のように2本どり
の糸の輪にくぐらせてボタンに糸を固
定します。ボタンつけ位置に2〜3回布
すくってとめつけ、裏で玉止めします。

裏布

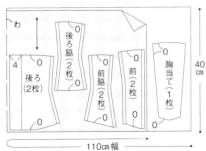

●用意するパターン（ショートタイプ：2面）

後ろ身頃　後ろ脇身頃　前身頃　前脇身頃

バスク裏当て布　後ろ中心当て布

●材料

表布（サテン）=110cm幅50cm

裏布（7号帆布または綾織り木綿）

=110cm幅30cm

接着芯=90cm幅50cm

厚手接着芯（表布に使用する芯でも可）

=15×30cm

サテンリボン=3.8cm幅4m30cm・1.2cm幅1m

バスク=9in（約22.5cm）1組み

スチールボーン（ホワイト）=0.6cm幅8.5in（約

21.5cm）4本

スパイラルボーン=0.6cm幅7.5・8・8.5in（約

19・20・21.5cm）各2本

綾織り綿テープ=2cm幅1m50cm

はと目かん=内径0.4cm24組み

サテンリボン=0.6cm幅6m

※裏布と厚手接着芯の裁ち方は、61ページ参照。

●作り方順序

（★は基本プロセスp.60〜参照）

01　後ろ端を縫い、ステッチをかける。★

02　表、裏布を一緒に、後ろ切替え線を縫う。★

03　表、裏布を一緒に、脇を縫う。★

04　バスクを接着芯でくるみ、前端に入れる。★

05　バスク裏当て布を作ってつける。★

06　表、裏布を一緒に、前切替え線を縫う。★

07　前後切替え線に1.2cm幅のサテンリボンを

　　しつけてとめる。→図

08　前後切替え線、脇縫い目の裏面に綿テー

　　プをつける。★

09　3.8cm幅のサテンリボンで裾の縁とりをす

　　る。→図

10　3.8cm幅のサテンリボンでフリルを作り、

　　裾につける。→図

11　後ろ端、前後切替え線、脇縫い目にボーン

　　を入れ（★）、身頃上端を裾と同様にサテン

　　リボンで縁とりをする。★

12　はと目かんをつける。★

13　後ろ中心当て布を作ってつける。★

14　はと目かんにサテンリボンを通す。★

前

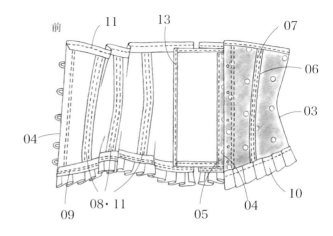

後ろ

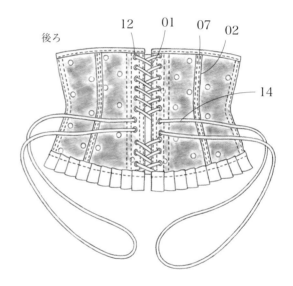

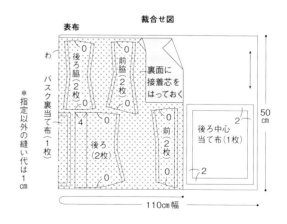

07 前後切替え線にサテンリボンをしつけでとめる

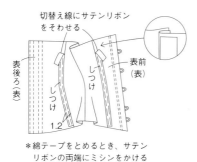

切替え線にサテンリボンをそわせる

表後ろ（表）

表前（表）

しつけ

しつけ

1.2

*綿テープをとめるとき、サテンリボンの両端にミシンをかける

10 サテンリボンでフリルを作り裾につける

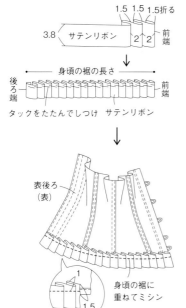

1.5 1.5 1.5折る

3.8 サテンリボン 2 2 前端

身頃の裾の長さ

後ろ端 前端

タックをたたんでしつけ サテンリボン

表後ろ（表）

1

1.5

身頃の裾に重ねてミシン

09 サテンリボンで裾の縁とりをする

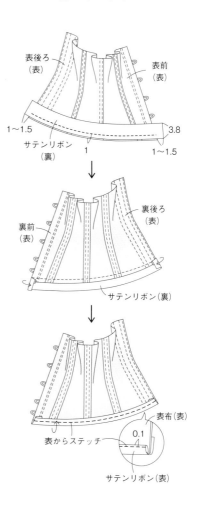

表後ろ（表）

表前（表）

1〜1.5 3.8

サテンリボン（裏） 1 1〜1.5

裏前（表）

裏後ろ（表）

サテンリボン（裏）

表布（表）

0.1

表からステッチ

サテンリボン（表）

page 20
休日
Holiday

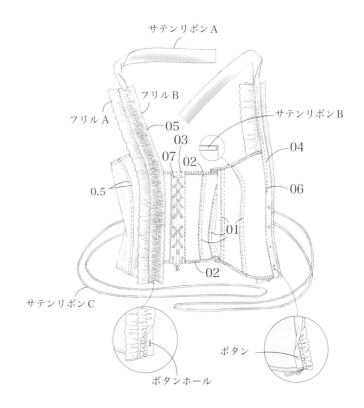

サテンリボンA
フリルB
フリルA
サテンリボンB
05
03
07
02
04
0.5
06
01
02
サテンリボンC
ボタン
ボタンホール

●用意するパターン（フリルホールタータイプ：2面）
後ろ身頃　後ろ脇身頃　脇身頃　前脇身頃
前身頃

●材料
表布（ソフトチュール）＝110cm幅1m10cm
別布（ソフトチュール・フリルB用）＝120cm幅
20cm
サテンリボンA（前端〜首ひも、後ろ端用）＝
3.8cm幅2m60cm
サテンリボンB（上端、裾用）＝0.6cm幅1m
40cm
サテンリボンC（後ろ端用）＝0.6cm幅5m
はと目かん＝内径0.4cm18組み
ボタン＝直径1cm5個

●裁ち方のポイント
身頃は裏布にも共布を使用するので、各パーツを
表布で4枚ずつ裁断する。
フリルAは表布で15×110cmを2枚、フリルBは別
布で5×120cmを2枚裁つ。

●作り方順序
01　身頃の各パーツは2枚を外表に重ねて2重
　　にし、2枚一緒に各パーツを縫い合わせる。
　　縫い代は4枚一緒に後ろ中心側に倒してス
　　テッチをかける。
02　身頃の上端、裾の始末をする。上端、裾とも
　　縫い代を裏面に折り、縫い代に0.6cm幅の
　　サテンリボンを重ね、リボンの両端にミシン
　　をかける。
03　後ろ端の始末をする。3.8cm幅のサテンリボ
　　ンを半分に折り、後ろ端の縫い代をはさん
　　で縫い、はと目かんをつける。→図
04　前端の始末をする。後ろ端と同じ要領で、1
　　mにカットした3.8cm幅のサテンリボンを二
　　つ折りにしてはさむが、前身頃の上端から
　　上に、つりひも分を残す。右前端にはボタン
　　ホールを作る。→図
05　フリルA・Bにギャザーを寄せ、前端につけ
　　る。→図
06　左前端のサテンリボンに、ボタンをつける。
07　はと目かんにサテンリボンCを通す。
　　→p.70（5番目と6番目の穴の間でたるませ
　　るように通す）

03　後ろ端の始末をする

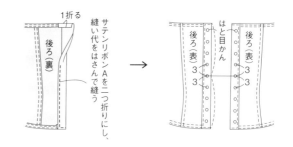

1折る
後ろ（裏）
サテンリボンAを二つ折りにし、縫い代をはさんで縫う
はと目かん
後ろ（表）
3
3
はと目かん
後ろ（表）
3
3

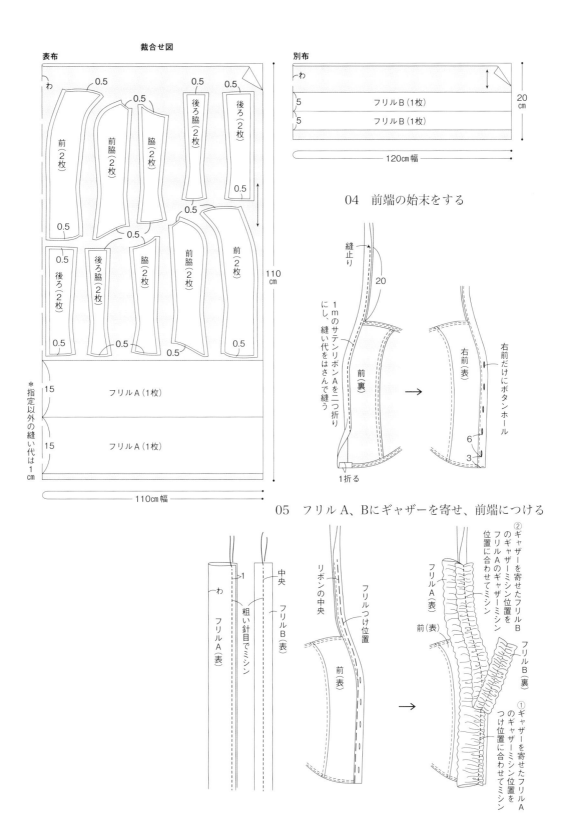

裁合せ図

表布

わ

0.5　0.5　0.5

0.5

前（2枚）

前脇（2枚）

脇（2枚）

後ろ脇（2枚）

後ろ（2枚）

0.5

0.5

0.5

0.5

後ろ（2枚）

後ろ脇（2枚）

脇（2枚）

前脇（2枚）

前（2枚）

0.5　0.5　0.5　0.5　0.5

15　フリルA（1枚）

15　フリルA（1枚）

＊指定以外の縫い代は1cm

110cm幅

110cm

別布

わ

5　フリルB（1枚）

5　フリルB（1枚）

20cm

120cm幅

04　前端の始末をする

縫止り

20

1mのサテンリボンAを二つ折りにし、縫い代をはさんで縫う

前（裏）

1折る

右前（表）

右前だけにボタンホール

6

3

05　フリルA、Bにギャザーを寄せ、前端につける

わ

1

中央

フリルA（表）

粗い針目でミシン

フリルB（表）

リボンの中央

フリルつけ位置

前（表）

①ギャザーを寄せたフリルAのギャザーミシン位置をフリルAのつけ位置に合わせてミシン

②ギャザーを寄せたフリルBのギャザーミシン位置をフリルAのギャザーミシン位置に合わせてミシン

フリルB（表）

フリルA（表）

前（表）

フリルB（裏）

page22

no.9 マリン *Marine*

●用意するパターン（ショートタイプ：2面）
後ろ身頃　後ろ脇身頃　前身頃
前脇身頃　バスク裏当て布
後ろ中心当て布
縁とり布はパターンを作らずに、
裁合せ図の寸法でカットする。

●材料
表布（サテン）＝110cm幅60cm
裏布（7号帆布または綾織り木綿）
＝110cm幅30cm
接着芯＝90cm幅60cm
厚手接着芯（表布に使用する芯でも可）
＝15×30cm
バスク＝9in（約22.5cm）1組み
スチールボーン（ホワイト）＝0.6cm幅
8.5in（約21.5cm）4本
スパイラルボーン＝0.6cm幅7.5・8・8.5in
（約19・20・21.5cm）各2本
綾織り綿テープ＝2cm幅1m50cm
はと目かん＝内径0.4cm24組み
サテンリボン＝0.6cm幅6m
※裏布と厚手接着芯の裁ち方は、61ページ
参照。

●作り方順序
（★は基本プロセスp.60〜参照）
01　後ろ端を縫い、ステッチをかける。★
02　表、裏布を一緒に、後ろ切替え線を
　　縫う。★
03　表、裏布を一緒に、脇を縫う。★
04　バスクを接着芯でくるみ、前端に入
　　れる。★
05　バスク裏当て布を作ってつける。★
06　表、裏布を一緒に、前切替え線を縫
　　う。★
07　前後切替え線、脇縫い目の裏面に綿
　　テープをつける。★
08　縁とりをしてボーンを入れる。★
09　はと目かんをつける。★
10　後ろ中心当て布を作ってつける。★
11　はと目かんにサテンリボンを通す。★

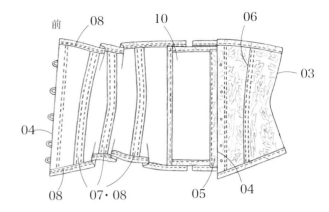

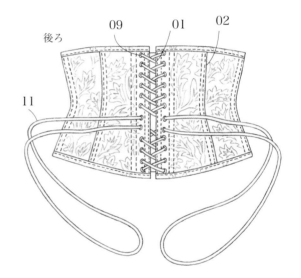

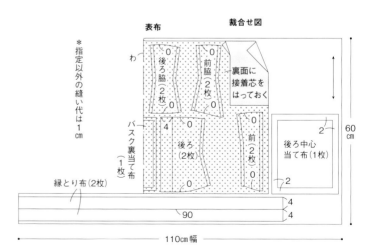

裁合せ図

表布

指定以外の縫い代は1cm

わ

後ろ脇（2枚）
前脇（2枚）
裏面に接着芯をはっておく
バスク裏当て布（1枚）
後ろ（2枚）
前（2枚）
後ろ中心当て布（1枚）

縁とり布（2枚）

90

110cm幅

60cm

前

08　10　06

04　03

08　07・08　05　04

後ろ

09　01　02

11

no.10
page 24
エイティ ズ
'80s

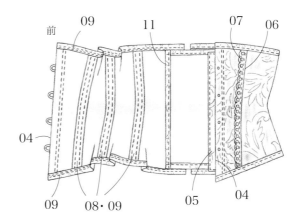

●用意するパターン（ショートタイプ：2面）
後ろ身頃　後ろ脇身頃　前身頃　前脇身頃
バスク裏当て布　後ろ中心当て布
縁とり布はパターンを作らずに、
裁合せ図の寸法でカットする。

●材料
表布（ジャカードの木綿）＝110㎝幅60㎝
裏布（7号帆布または綾織り木綿）
＝110㎝幅30㎝
接着芯＝90㎝幅60㎝
厚手接着芯（表布に使用する芯でも可）
＝15×30㎝
レース＝1.4㎝幅1m
バスク＝9in（約22.5㎝）1組み
スチールボーン（ホワイト）＝0.6㎝幅8.5in
（約21.5㎝）4本
スパイラルボーン＝0.6㎝幅7.5・8・8.5in
（約19・20・21.5㎝）各2本
綾織り綿テープ＝2㎝幅1m50㎝
はと目かん＝内径0.4㎝24組み
サテンリボン＝0.6㎝幅6m
※裏布と厚手接着芯の裁ち方は、61ページ参照。

●作り方順序
（★は基本プロセスp.60〜参照）
01　後ろ端を縫い、ステッチをかける。★
02　表、裏布を一緒に、後ろ切替え線を縫う。★
03　表、裏布を一緒に、脇を縫う。★
04　バスクを接着芯でくるみ、前端に入れる。★
05　バスク裏当て布を作ってつける。★
06　表、裏布を一緒に、前切替え線を縫う。★
07　前後切替え線にレースをしつけでとめる。→p.87
08　前後切替え線、脇縫い目の裏面に綿テープをつける。★
09　縁とりをしてボーンを入れる。★
10　はと目かんをつける。★
11　後ろ中心当て布を作ってつける。★
12　はと目かんにサテンリボンを通す。★

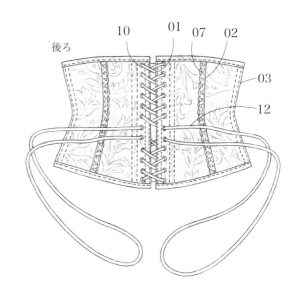

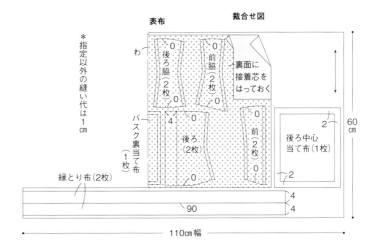

夏祭り

Summer festival

● 用意するコルセットのパターン
　（ショートタイプ：2面）
後ろ身頃　後ろ脇身頃　前脇身頃　前身頃
バスク裏当て布　後ろ中心当て布　胸当て
縁とり布はパターンを作らずに、
裁合せ図の寸法でカットする。

● 用意するフリルのパターン（2面）
フリル土台布　フリル1・2・3段目　ベルト

● 材料
表布（サテン・コルセット分）＝110cm幅70cm
表布（サテン・フリル分）＝110cm幅40cm
裏布（7号帆布または綾織り木綿）
＝110cm幅30cm
接着芯＝90cm幅70cm
厚手接着芯（表布に使用する芯でも可）
＝15×30cm
バスク＝9in（約22.5cm）1組み
スチールボーン（ホワイト）＝0.6cm幅
8.5in（約21.5cm）4本
スパイラルボーン＝0.6cm幅7.5・8・8.5in
（約19・20・21.5cm）各2本
綾織り綿テープ＝2cm幅1m50cm
はと目かん＝内径0.4cm24組み
サテンリボン0.6cm幅6m
くるみボタン＝直径1.8cm10個
※裏布と厚手接着芯の裁ち方は、61ページ
参照。

● コルセットの作り方順序
（★は基本プロセスp.60〜参照）
01　後ろ端を縫い、ステッチをかける。★
02　表、裏布を一緒に、後ろ切替え線を縫
　　う。★
03　表、裏布を一緒に脇を縫う。★
04　バスクを接着芯でくるみ、前端に入れ
　　る。★
05　バスク裏当て布を作ってつける。★
06　表、裏布を一緒に前切替え線を縫う。★
07　前後切替え線、脇縫い目の裏面に綿テ
　　ープをつける。★
08　縁とりをしてボーンを入れる。★
09　後ろ中心当て布を作ってつける。★
10　はと目かんをつける。★
11　胸当てを作る。→図
12　ボタンをつける。
13　はと目かんにサテン
　　リボンを通す。★

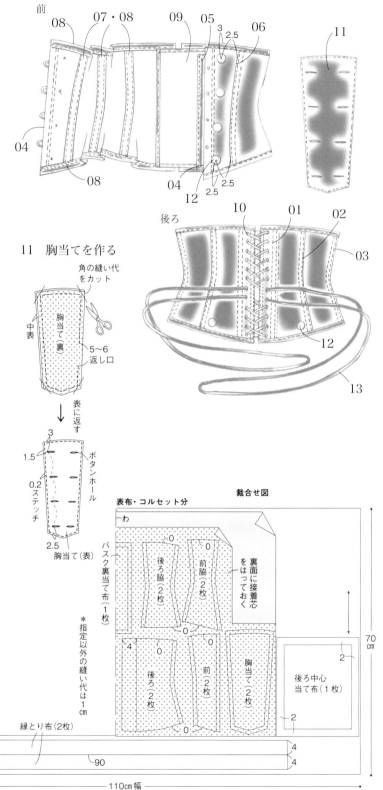

●フリルの作り方順序

01 土台布の両脇の縫い代を三つ折りに
してステッチをかける。

02 各フリルの両脇と下端の縫い代を三
つ折りにしてステッチをかける。フリ
ル2段目の上端は、縫い代にロックミ
シン(またはジグザグミシン)をかけ
ておく。

03 各フリルにギャザーを寄せる。

04 土台布の下端にフリル3段目をつけ
る。縫い代は2枚一緒にロックミシン
で始末し、土台布側に倒してステッチ
をかける。

05 土台布にフリル2段目、フリル1段目
をつける。→図

06 ベルトをつけ、ボタンホールを作る。
→図

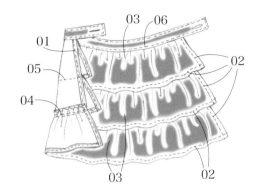

05 土台布にフリル2段目、1段目をつける

① に縫いとめる
① 土台布のつけ位置に縫いとめる
フリル土台布(表)
② 縫い代にとめる
フリル1段目(表)
フリル2段目(表)
フリル3段目(表)

06 ベルトをつけ、ボタンホールを作る

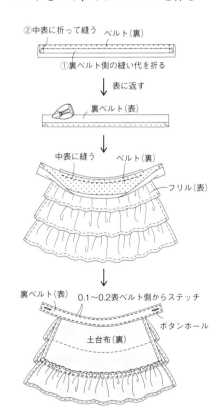

② 中表に折って縫う
ベルト(裏)
① 裏ベルト側の縫い代を折る

表に返す

裏ベルト(表)

中表に縫う
ベルト(裏)
フリル(表)

裏ベルト(表)
0.1～0.2表ベルト側からステッチ
ボタンホール
土台布(裏)

表布・フリル分

裏面に接着芯をはっておく
ベルト(1枚) わ
フリル土台布(1枚) 1.5 1.5
フリル1段目(1枚) 1.5
フリル2段目(1枚) 1.5 わ
フリル3段目(1枚) 1.5
40cm
*指定以外の縫い代は1cm
110cm幅

no.12

ヒッピー

Hippie

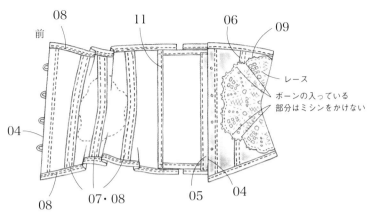

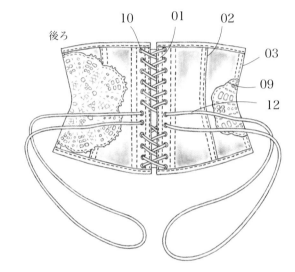

●用意するパターン（ショートタイプ：2面）

後ろ身頃　後ろ脇身頃　前身頃
前脇身頃　バスク裏当て布
後ろ中心当て布
縁とり布はパターンを作らずに、
裁合せ図の寸法でカットする。

●材料

表布（サテン）＝110cm幅60cm
裏布（7号帆布または綾織り木綿）
＝110cm幅30cm
接着芯＝90cm幅60cm
厚手接着芯（表布に使用する芯でも可）
＝15×30cm
レースのモチーフ＝直径約21cm1枚、約12cm1枚
バスク＝9in（約22.5cm）1組み
スチールボーン（ホワイト）＝0.6cm幅8.5in（約
21.5cm）4本
スパイラルボーン＝0.6cm幅7.5・8・8.5in（約
19・20・21.5cm）各2本
綾織り綿テープ＝2cm幅1m50cm
はと目かん＝内径0.4cm24組み
サテンリボン＝0.6cm幅6m
※裏布と厚手接着芯の裁ち方は、61ページ参照。

●作り方順序

（★は基本プロセスp.60～参照）

01　後ろ端を縫い、ステッチをかける。★
02　表、裏布を一緒に、後ろ切替え線を縫う。★
03　表、裏布を一緒に、脇を縫う。★
04　バスクを接着芯でくるみ、前端に入れる。★
05　バスク裏当て布を作ってつける。★
06　表、裏布を一緒に、前切替え線を縫う。★
07　前後切替え線、脇縫い目の裏面に綿テー
　　プをつける。★
08　縁とりをしてボーンを入れる。★
09　レースのモチーフをつける。身頃の表面に
　　モチーフを配置してつけ位置を決め、モチー
　　フの周囲をミシンで縫いとめる。このと
　　き、ボーンの入っている部分はよけてミシン
　　をかける。
10　はと目かんをつける。★
11　後ろ中心当て布を作ってつける。★
12　はと目かんにサテンリボンを通す。★

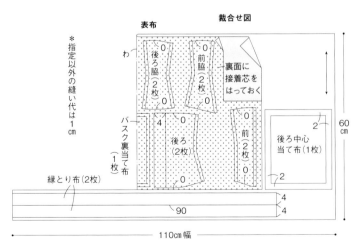

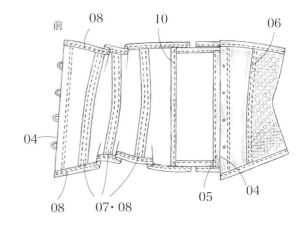

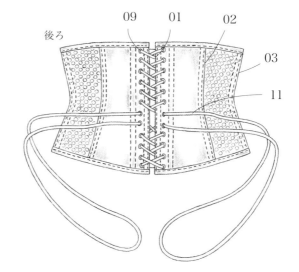

●用意するパターン（ショートタイプ：2面）
後ろ身頃　後ろ脇身頃　前身頃
前脇身頃　バスク裏当て布
後ろ中心当て布
縁とり布はパターンを作らずに、
裁合せ図の寸法でカットする。

●材料
表布（レザークロス）＝110cm幅60cm
メッシュ＝60×30cm
裏布（7号帆布または綾織り木綿）
＝110cm幅30cm
接着芯＝90cm幅60cm
厚手接着芯（表布に使用する芯でも可）
＝15×30cm
バスク＝9in（約22.5cm）1組み
スチールボーン（ホワイト）＝0.6cm幅
8.5in（約21.5cm）4本
スパイラルボーン＝0.6cm幅7.5・8・8.5in
（約19・20・21.5cm）各2本
綾織り綿テープ＝2cm幅1m50cm
はと目かん＝内径0.4cm24組み
サテンリボン＝0.6cm幅6m
※裏布と厚手接着芯の裁ち方は、61ページ
参照。

●作り方順序
（★は基本プロセスp.60～参照）
※前脇身頃、後ろ脇身頃は表布の表面にメッ
シュを重ね、周囲を縫いとめておく。→p.62
01　後ろ端を縫い、ステッチをかける。★
02　表、裏布を一緒に、後ろ切替え線を
　　縫う。★
03　表、裏布を一緒に、脇を縫う。★
04　バスクを接着芯でくるみ、前端に入
　　れる。★
05　バスク裏当て布を作ってつける。★
06　表、裏布を一緒に、前切替え線を縫
　　う。★
07　前後切替え線、脇縫い目の裏面に綿
　　テープをつける。★
08　縁とりをしてボーンを入れる。★
09　はと目かんをつける。★
10　後ろ中心当て布を作ってつける。★
11　はと目かんにサテンリボンを通す。★

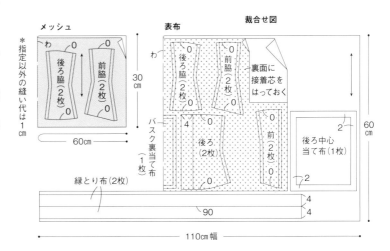

page 32

クリスマス

Christmas

●用意するパターン
（ショート・チロルタイプ：1面）
後ろ身頃　後ろ脇身頃　前脇身頃
前身頃　バスク裏当て布
後ろ中心当て布　ひも

●材料
表布A（細いストライプ）＝110cm幅60cm
表布B（太いストライプ）＝110cm幅60cm
裏布（7号帆布または綾織り木綿）
＝110cm幅60cm
接着芯＝90cm幅60cm
厚手接着芯（表布に使用する芯でも可）
＝15×30cm
バスク＝9in（約22.5cm）1組み
スチールボーン（ホワイト）＝0.6cm幅
8.5in（約21.5cm）4本
スパイラルボーン＝0.6cm幅7.5・8・8.5in
（約19・20・21.5cm）各2本
綾織り綿テープ＝2cm幅1m60cm
はと目かん＝内径0.4cm24組み
サテンリボン＝0.6cm幅6m

●作り方順序
（★は基本プロセスp.60〜参照）
01　後ろ端を縫い、ステッチをかける。★
02　表、裏布を一緒に、後ろ切替え線を縫う。★
03　表、裏布を一緒に脇を縫う。★
04　バスクを接着芯でくるみ、前端に入れる。★
05　バスク裏当て布を作ってつける。★
06　表、裏布を一緒に前切替え線を縫う。★
07　前後切替え線、脇縫い目の裏面に綿テープをつける。★
08　縁とりをしてボーンを入れる★。
09　後ろ中心当て布を作ってつける。★
10　はと目かんをつける。★
11　リボンを作り、裾につける（→図）。つけ位置は全体のバランスを見て決める。
12　ひもを作ってつける。→図
13　はと目かんにサテンリボンを通す。★

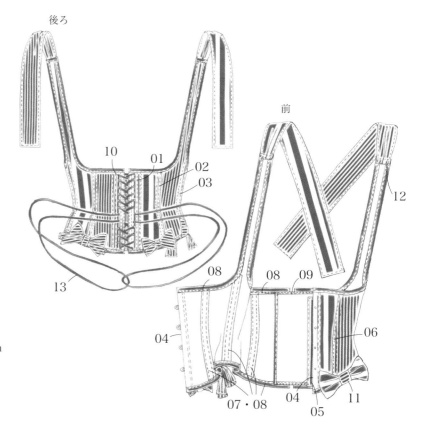

後ろ

前

11　リボンを作り、裾につける

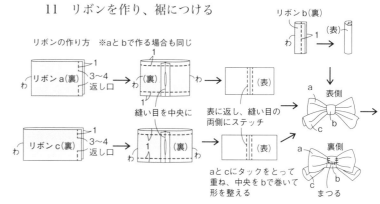

リボンの作り方　※aとbで作る場合も同じ

リボンa（裏）

1
3〜4
返し口

縫い目を中央に

表に返し、縫い目の両側にステッチ

リボンb（裏）

1

（表）

1

表側

aとcにタックをとって重ね、中央をbで巻いて形を整える

リボンc（裏）

1
3〜4
返し口

（裏）

（表）

裏側

まつる

12　ひもを作ってつける

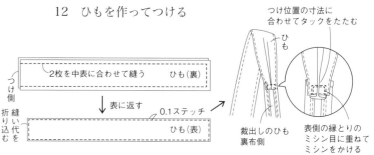

2枚を中表に合わせて縫う　ひも（裏）

表に返す

0.1ステッチ

ひも（表）

つけ側

縫い代
折り込む

つけ位置の寸法に合わせてタックをたたむ

ひも

裁出しのひも
裏布側

表側の縁とりのミシン目に重ねてミシンをかける

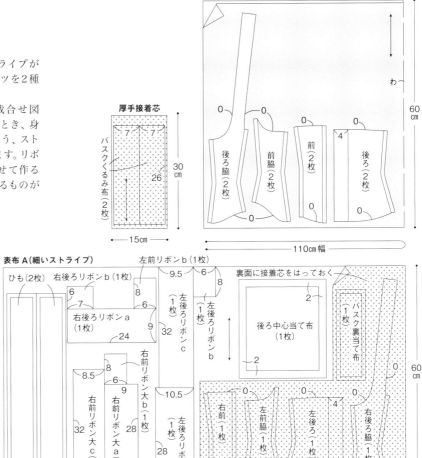

裁合せ図

●裁ち方のポイント
身頃は細いストライプと太いストライプが
交互に配置されるように、各パーツを2種
類の布で裁ちます。
縁とり布は太いストライプ布で、裁合せ図
に示した寸法で裁断します。このとき、身
頃表面の縁とりが濃い色になるよう、スト
ライプ位置を考えて布をカットします。リボ
ンもa・b・cの3パーツを組み合わせて作る
ものと、リボンa・bの2パーツで作るものが
あります。

リボンのつけ方

形を整えながら
ところどころをまつる

右前
リボン大

表右前（表）

右前リボン小

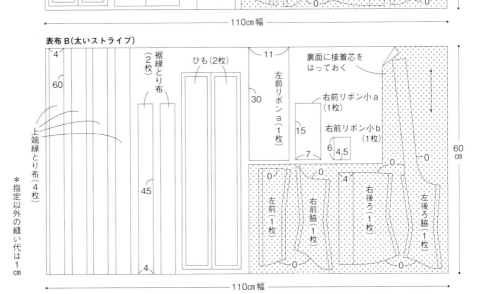

no. **15** *page 34* ロシア *Russian*

no. **16** *page 36* ロシア *Russian*

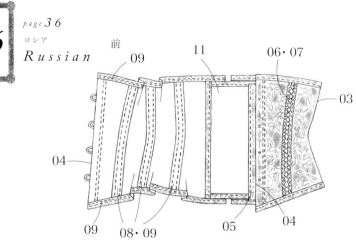

前
09　11　06・07
04　03
09　08・09　05　04

●用意するパターン（ショートタイプ：2面）
後ろ身頃　後ろ脇身頃　前身頃
前脇身頃　バスク裏当て布
後ろ中心当て布
縁とり布はパターンを作らずに、
裁合せ図の寸法でカットする。

●材料
表布（ジャカードの木綿）＝110cm幅60cm
裏布（7号帆布または綾織り木綿）
＝110cm幅30cm
接着芯＝90cm幅60cm
厚手接着芯（表布に使用する芯でも可）
＝15×30cm
ブレード＝1.8cm幅1m
バスク＝9in（約22.5cm）1組み
スチールボーン（ホワイト）＝0.6cm幅8.5in
（約21.5cm）4本
スパイラルボーン＝0.6cm幅7.5in・8・8.5in
（約19・20・21.5cm）各2本
綾織り綿テープ＝2cm幅1m50cm
はと目かん＝内径0.4cm24組み
サテンリボン＝0.6cm幅6m
※裏布と厚手接着芯の裁ち方は、
61ページ参照。

●作り方順序
（★は基本プロセスp.60〜参照）
01　後ろ端を縫い、ステッチをかける。★
02　表、裏布を一緒に、後ろ切替え線を
　　縫う。★
03　表、裏布を一緒に脇を縫う。★
04　バスクを接着芯でくるみ、前端に入
　　れる。★
05　バスク裏当て布を作ってつける。★
06　表、裏布を一緒に、前切替え線を縫
　　う。★
07　前後切替え線にブレードをしつけで
　　とめる。→図
08　前後切替え線、脇縫い目の裏面に綿
　　テープをつける。★
09　縁とりをしてボーンを入れる。★
10　はと目かんをつける。★
11　後ろ中心当て布を作ってつける。★
12　はと目かんにサテンリボンを通す。★

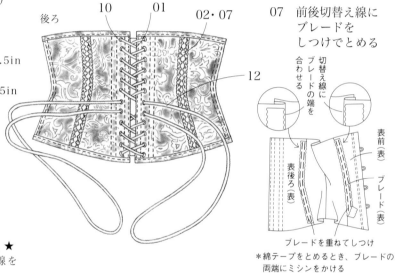

後ろ
10　01　02・07
12

07　前後切替え線に
　　ブレードを
　　しつけでとめる

切替え線に
ブレードの端を
合わせる

表前（表）
表後ろ（表）
ブレード（表）

ブレードを重ねてしつけ
＊綿テープをとめるとき、ブレードの
両端にミシンをかける

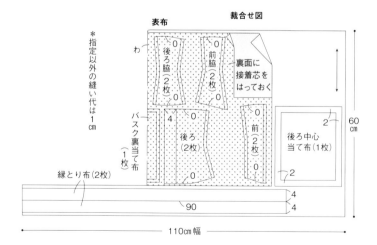

裁合せ図
表布

＊指定以外の縫い代は1cm

わ
後ろ脇（2枚）　前脇（2枚）　裏面に接着芯をはっておく
後ろ（2枚）　前（2枚）
バスク裏当て布（1枚）
後ろ中心当て布（1枚）
2　2
4　0　0　0
縁とり布（2枚）
90
4　4
60cm

110cm幅

98

page 40

no.18

お正月

New year

●用意するパターン（ショートタイプ：2面）
後ろ身頃　後ろ脇身頃　前脇身頃
前身頃　バスク裏当て布
縁とり布はパターンを作らずに、
裁合せ図の寸法でカットする。

●材料
表布（帯地）＝35cm幅柄部分110cm・
無地部分50cm
裏布（7号帆布または綾織り木綿）
＝110cm幅30cm
接着芯＝90cm幅60cm
厚手接着芯（表布に使用する芯でも可）
＝15×30cm
バスク＝9in（約22.5cm）1組み
スチールボーン（ホワイト）＝0.6cm幅
8.5in（約21.5cm）4本
スパイラルボーン＝0.6cm幅7.5・8・8.5in
（約19・20・21.5cm）各2本
綾織り綿テープ＝2cm幅1m50cm
はと目かん＝内径0.4cm24組み
サテンリボン0.6cm幅6m
＊裏布、厚手接着芯の裁ち方は、p.61参照。

●作り方順序
（★は基本プロセスp.60〜参照）
01　後ろ端を縫い、ステッチをかける。★
02　表、裏布を一緒に、後ろ切替え線を
　　縫う。★
03　表、裏布を一緒に脇を縫う。★
04　バスクを接着芯でくるみ、前端に入
　　れる。★
05　バスク裏当て布を作ってつける。★
06　表、裏布を一緒に前切替え線を縫
　　う。★
07　前後切替え線、脇縫い目の裏面に綿
　　テープをつける。★
08　縁とり布2枚をはぐ。縁とりをしてボー
　　ンを入れる。★
09　はと目かんをつける。★
10　はと目かんにサテンリボンを通す。★

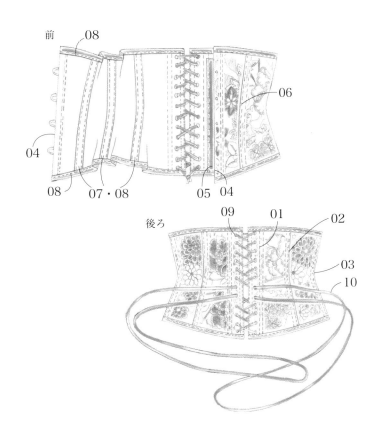

前

後ろ

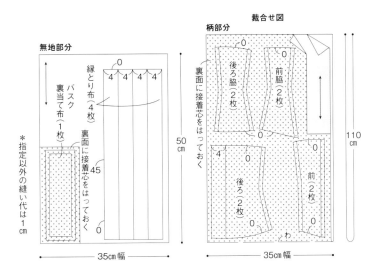

裁合せ図

無地部分

柄部分

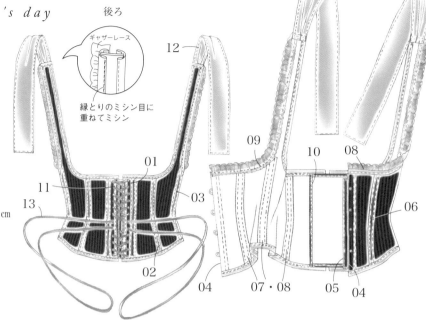

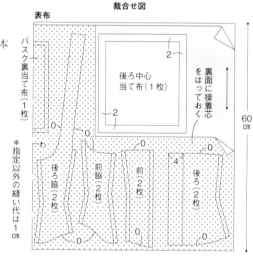

page42

バレンタイン

St.Valentine's day

後ろ

前

ギャザーレース

縁とりのミシン目に
重ねてミシン

●用意するパターン
（ショート・チロルタイプ：1面）
後ろ身頃　後ろ脇身頃　前脇身頃
前身頃　バスク裏当て布
後ろ中心当て布　ひも
上端縁とり布、裾縁とり布は
パターンを作らずに、
裁合せ図の寸法をカットする。

●材料
表布（サテンストライプ）＝110cm幅60cm
別布（サテン）＝110cm幅40cm
裏布（7号帆布または綾織り木綿）
＝110cm幅30cm
接着芯＝90cm幅60cm
厚手接着芯（表布に使用する芯でも可）
＝15×30cm
ギャザーレース＝2.5cm幅1m20cm
バスク＝9in（約22.5cm）1組み
スチールボーン（ホワイト）＝0.6cm幅8.5in（約21.5cm）4本
スパイラルボーン＝0.6cm幅7.5・8・8.5in（約19・20・21.5cm）各2本
綾織り綿テープ＝2cm幅1m60cm
はと目かん＝内径0.4cm24組み
サテンリボン0.6cm幅6m
＊裏布、厚手接着芯の裁ち方は、p.61参照。

●作り方順序　（★は基本プロセスp.60〜参照）
01　後ろ端を縫い、ステッチをかける。★
02　表、裏布を一緒に、後ろ切替え線を縫う。★
03　表、裏布を一緒に脇を縫う。★
04　バスクを接着芯でくるみ、前端に入れる。★
05　バスク裏当て布を作ってつける。★
06　表、裏布を一緒に前切替え線を縫う。★
07　前後切替え線、脇縫い目の裏面に綿テープをつける。★
08　縁とりをしてボーンを入れる。★
09　上前端にギャザーレース
　　をつける。ギャザーレース
　　を裏布側の縁とりに重
　　ね、表布側から縁とりの
　　ミシン目に重ねてミシン
　　をかけて縫いとめる。
10　後ろ中心当て布を作って
　　つける。★
11　後ろ端にはと目かんをつ
　　ける。★
12　ひもを作ってつける。
　　→p.96
13　はと目かんにサテンリボ
　　ンを通す。★

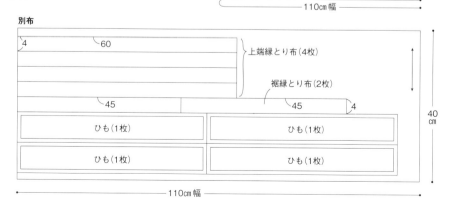

裁合せ図

表布

バスク裏当て布をはる

後ろ中心
当て布（1枚）

裏面に接着芯
をはっておく

2

2

2

4

0

0

0

わ

後ろ脇
（2枚）

前脇
（2枚）

前
（2枚）

後ろ
（2枚）

0

0

0

0

＊指定以外の縫い代は1cm

60cm

110cm幅

別布

4

60

上端縁とり布（4枚）

裾縁とり布（2枚）

45

45

4

ひも（1枚）

ひも（1枚）

ひも（1枚）

ひも（1枚）

40cm

110cm幅

no. 20

タキシードメンズ

Tuxedo men's

●用意するパターン（ロングタイプ：1面）
後ろ身頃　後ろ脇身頃　前身頃
前脇身頃　バスク裏当て布
後ろ中心当て布
縁とり布はパターンを作らずに、
裁合せ図の寸法でカットする。

●材料
表布（レザークロス）=110cm幅80cm
メッシュ=60×40cm
裏布（7号帆布または綾織り木綿）=110cm幅40cm
接着芯=90cm幅70cm
厚手接着芯（表布に使用する芯でも可）
=15×40cm
バスク=12in（約30.5cm）1組み
スチールボーン（ホワイト）=0.6cm幅11in
（約28cm）4本
スパイラルボーン=0.6cm幅10.5・11・12in
（約26.7・28・30.5cm）各2本
綾織り綿テープ=2cm幅2m
はと目かん=内径0.4cm 24組み
サテンリボン=0.6cm幅6m
※裏布、厚手接着芯の裁ち方は、104ページ参照。

●作り方順序
（★は基本プロセスp.60〜参照）
※前脇身頃、後ろ脇身頃は表布の表面にメッ
シュを重ね、周囲を縫いとめておく。→p.62
01　後ろ端を縫い、ステッチをかける。★
02　表、裏布を一緒に、後ろ切替え線を縫う。★
03　表、裏布を一緒に、脇を縫う。★
04　バスクを接着芯でくるみ、前端に入れる。★
05　バスク裏当て布を作ってつける。★
06　表、裏布を一緒に、前切替え線を縫う。★
07　前後切替え線、脇縫い目の裏面に綿テー
　　プをつける。★
08　縁とりをしてボーンを入れる。★
09　はと目かんをつける。★
10　後ろ中心当て布を作ってつける。★
11　はと目かんにサテンリボンを通す。★

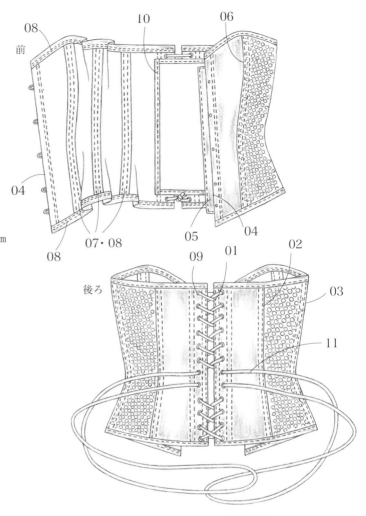

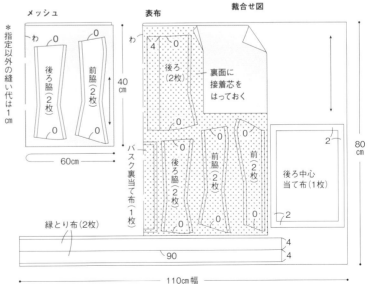

●用意するパターン（ロングタイプ：1面）
後ろ身頃　後ろ脇身頃　前身頃　前脇身頃
バスク裏当て布　後ろ中心当て布
縁とり布はパターンを作らずに、
裁合せ図の寸法でカットする。

●材料
表布（サテン）＝110cm幅80cm
裏布（7号帆布または綾織り木綿）＝110cm幅40cm
接着芯＝90cm幅70cm
厚手接着芯（表布に使用する芯でも可）＝15×40cm
レース＝6.5cm幅1m40cm
バスク＝12in（約30.5cm）1組み
スチールボーン（ホワイト）＝0.6cm幅11in
（約28cm）4本
スパイラルボーン＝0.6cm幅10.5・11・
12in（約26.7・28・30.5cm）各2本
綾織り綿テープ＝2cm幅2m
はと目かん＝内径0.4cm24組み
サテンリボン＝0.6cm幅6m
※裏布、厚手接着芯の裁ち方は、104ページ参照。

●作り方順序　（★は基本プロセスp.60〜参照）
01　後ろ端を縫い、ステッチをかける。★
02　表、裏布を一緒に、後ろ切替え線を縫う。★
03　表、裏布を一緒に、脇を縫う。★
04　バスクを接着芯でくるみ、前端に入れる。★
05　バスク裏当て布を作ってつける。★
06　表、裏布を一緒に、前切替え線を縫う。★
07　前後切替え線、脇縫い目の裏面に綿テープをつける。★
08　前後切替え線にレースをつける→図
09　縁とりをしてボーンを入れる。★
10　はと目かんをつける。★
11　後ろ中心当て布を作ってつける。★
12　はと目かんにサテンリボンを通す。★

08　前後切替え線にレースをつける

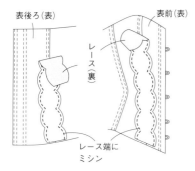

表後ろ（表）　　表前（表）

レース（裏）

レース端に
ミシン

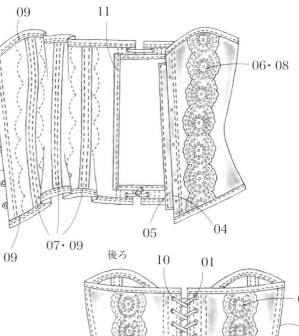

前
09　　　11
09
06・08
04
04
05
07・09
09

後ろ
10　　01
02・08
03
12

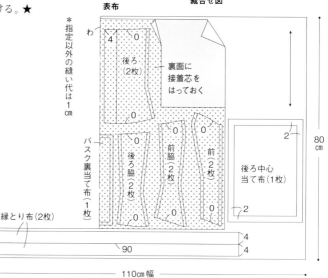

裁合せ図

表布

＊指定以外の縫い代は1cm

わ
4　0
後ろ
（2枚）
0
裏面に
接着芯を
はっておく

バスク裏当て布（1枚）
0
後ろ脇
（2枚）
0
前脇
（2枚）
0
前
（2枚）
0

後ろ中心
当て布（1枚）
2
2

縁とり布（2枚）
4
4
90

110cm幅

80cm

no.22

ウェディング　お色直し

Changing dress

●用意するコルセットのパターン

（ロングタイプ：1面）

後ろ身頃　後ろ脇身頃　前脇身頃　前身頃

前飾り布　前脇飾り布　バスク裏当て布

後ろ中心当て布

縁とり布、テープ布はパターンを作らずに、

裁合せ図の寸法でカットする。

●材料

表布（チェックの木綿）＝110cm幅70cm

別布A（木綿）＝90×15cm

別布B（木綿）＝30×40cm

レース＝1cm幅1m50cm

裏布（7号帆布または綾織り木綿）

＝110cm幅40cm

接着芯＝90cm幅70cm

厚手接着芯（表布に使用する芯でも可）

＝15×40cm

バスク＝12in（約30.5cm）1組み

スチールボーン（ホワイト）＝0.6cm幅11in

（約28cm）4本

スパイラルボーン＝0.6cm幅10.5・11・

12in（約26.7・28・30.5cm）各2本

綾織り綿テープ＝2cm幅2m

はと目かん＝内径0.4cm24組み

サテンリボン＝0.6cm幅3m（前身頃用）・

6m（後ろ端用）

●作り方順序

（★は基本プロセスp.60～参照）

01　後ろ身頃の脇に別布Aのテープ布をつけ
　　る。→図

02　前身頃、前脇身頃に別布Bの飾り布、レー
　　スをつける。→図

03　後ろ端を縫い、ステッチをかける。★

04　表、裏布を一緒に後ろ切替え線を縫う。★

05　表、裏布を一緒に、脇を縫う。★

06　バスクを接着芯でくるみ、前端に入れる。★

07　バスク裏当て布を作ってつける。★

08　表、裏布を一緒に前切替え線を縫う。

09　各切替え線の裏面に、綿テープをつける。★

10　縁とりをしてボーンを入れる。★

11　後ろ中心当て布を作ってつける。★

12　はと目かんをつける。★

13　前身頃のレースにサテンリボンを通して結
　　ぶ。→写真

14　はと目かんにサテンリボンを通す。★

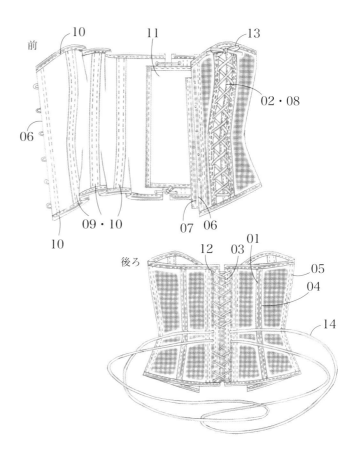

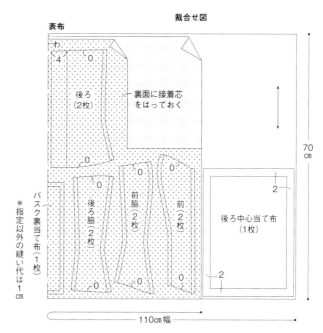

裁合せ図

表布

裏面に接着芯をはっておく

後ろ（2枚）

後ろ脇（2枚）

前脇（2枚）

前（2枚）

バスク裏当て布（1枚）

後ろ中心当て布（1枚）

＊指定以外の縫い代は1cm

70cm

110cm幅

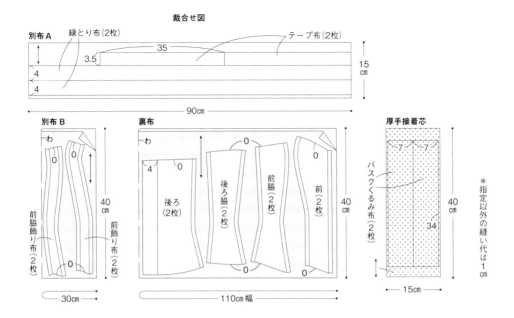

裁合せ図

別布A

縁とり布（2枚）　　　　　　　　　テープ布（2枚）

3.5　　　　　35

4
4

15
cm

90cm

別布B

わ

0　0

0

前脇飾り布（2枚）　前飾り布（2枚）

40
cm

30cm

裏布

わ

4　0

後ろ（2枚）

0

後ろ脇（2枚）

0

前脇（2枚）

0

前（2枚）

0　　0

40
cm

110cm幅

厚手接着芯

7　7

バスクくるみ布（2枚）

34

40
cm

＊指定以外の縫い代は1cm

15cm

01　後ろ身頃の脇にテープ布をつける

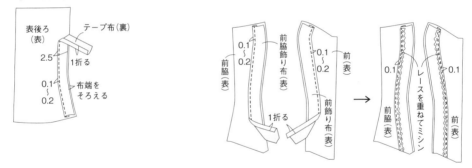

表後ろ（表）　　テープ布（裏）

2.5　　1折る

0.1〜0.2　　布端をそろえる

02　前身頃、前脇身頃に飾り布、レースをつける

前脇（表）　0.1〜0.2　前脇飾り布（表）　0.1〜0.2　前（表）　前飾り布（表）　1折る

→　前脇（表）　0.1　レースを重ねてミシン　0.1　前（表）

13　前身頃のレースにサテンリボンを通して結ぶ

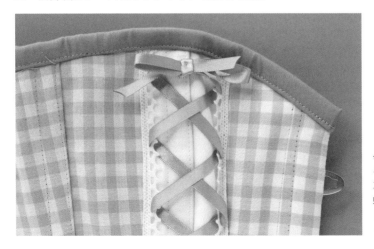

身頃の下端のレースの穴に、サテンリボンを通してリボンの両端をそろえて左右を同じ長さにし、上端まで通して蝶結びにする。リボンを交差させるときは、同じ方向のリボンが上になるようにする。

●用意するフリルオーバースカートのパターン
（2面）
土台布A　土台布B
フリル1段目・フリル2・3段目B
フリル2・3段目A
ウエストベルト・ひもはパターンを作らずに、
裁合せ図の寸法でカットする。

●材料
表布（チェックの木綿）＝110㎝幅90㎝
別布（木綿）＝110㎝幅1m20㎝

●作り方順序
01　フリル2段目、3段目のそれぞれAの
　　左脇、次にAとBの前後中心を縫い合
　　わせて1枚のフリルにする。縫い代は
　　それぞれ2枚一緒にロックミシン（ま
　　たはジグザグミシン）で始末して片側
　　に倒す。フリル2段目は上側の縫い代
　　にロックミシンをかけておく。
02　各フリルの下端の始末をし、フリル2段
　　目、3段目は上側にギャザーを寄せ
　　る。→図
03　土台布のAとBを縫い合わせる。縫い
　　代は2枚一緒にロックミシンで始末し
　　て、土台布B側に倒す。
04　土台布の下端にフリル3段目をつける。
　　土台布とフリル3段目を中表に合わせ
　　て縫う。次に、縫い代を2枚一緒にロ
　　ックミシンで始末し、土台布側に倒し
　　てステッチをかける。
05　土台布表面に、フリル2段目を縫いと
　　める。
06　土台布表面のウエストにフリル1段目
　　を重ね、2枚一緒にギャザーを寄せる。
07　ウエストベルトをつけてひもを整える。
　　→図

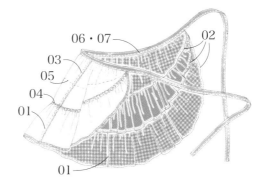

02　各フリルの下端の始末をし、2段目、
　　　3段目にはギャザーを寄せる

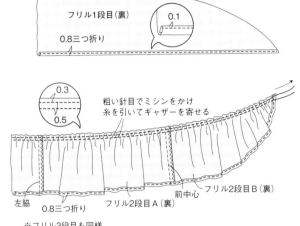

フリル1段目（裏）

0.1

0.8三つ折り

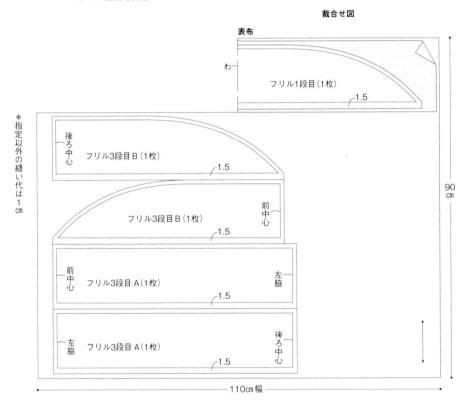

0.3
0.5

粗い針目でミシンをかけ
糸を引いてギャザーを寄せる

左脇

0.8三つ折り

フリル2段目A（裏）

前中心

フリル2段目B（裏）

※フリル3段目も同様

栽合せ図

表布

わ

フリル1段目（1枚）

1.5

＊指定以外の縫い代は1cm

後ろ中心

フリル3段目B（1枚）

1.5

フリル3段目B（1枚）

前中心

1.5

前中心

フリル3段目A（1枚）

左脇

1.5

左脇

フリル3段目A（1枚）

後ろ中心

1.5

90cm

110cm幅

07 ウエストベルトをつけてひもを整える

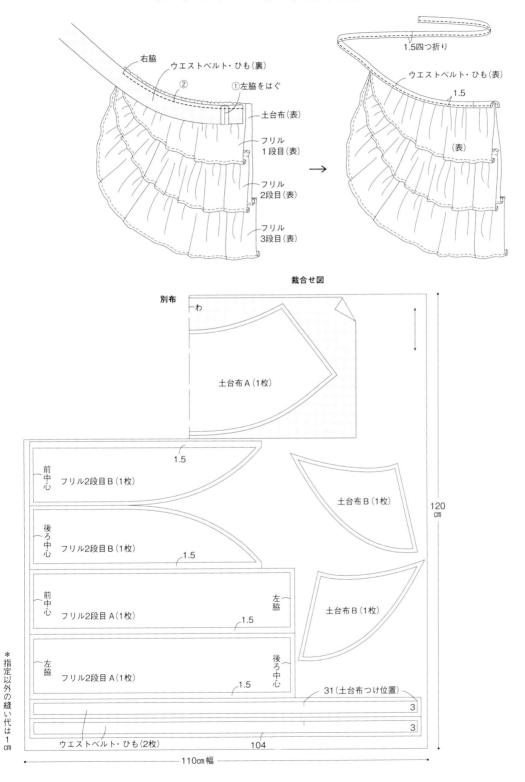

右脇
ウエストベルト・ひも（裏）
②
①左脇をはぐ
土台布（表）
フリル
1段目（表）
フリル
2段目（表）
フリル
3段目（表）

1.5四つ折り
ウエストベルト・ひも（表）
1.5
（表）

裁合せ図

別布
わ

土台布A（1枚）

1.5

土台布B（1枚）

前中心
フリル2段目B（1枚）

後ろ中心
フリル2段目B（1枚）
1.5

土台布B（1枚）

前中心
フリル2段目A（1枚）
左脇
1.5

左脇
フリル2段目A（1枚）
後ろ中心
1.5

31（土台布つけ位置）
3
3

ウエストベルト・ひも（2枚）
104

120cm

110cm幅

＊指定以外の縫い代は1cm

page 52
ウェディング
Wedding

●用意するパターン（ロングタイプ：1面）
後ろ身頃　後ろ脇身頃　前脇身頃　前身頃
バスク裏当て布　後ろ中心当て布
縁とり布、フリルはパターンを作らずに、
裁合せ図の寸法でカットする。

●材料
表布（ジャカード）＝110cm幅80cm
チュール（フリル用）＝120cm幅20cm
裏布（7号帆布または綾織り木綿）＝110cm幅40cm
接着芯＝90cm幅70cm
厚手接着芯（表布に使用する芯でも可）＝15×40cm
チュールレース＝8cm幅3m
ブレード＝0.8cm幅2m40cm
バスク＝12in（約30.5cm）1組み
スチールボーン（ホワイト）＝0.6cm幅11in
（約28cm）4本
スパイラルボーン＝0.6cm幅10.5・11・
12in（約26.7・28・30.5cm）各2本
綾織り綿テープ＝2cm幅2m
はと目かん＝内径0.4cm24組み
サテンリボン＝0.6cm幅6m
※裏布、厚手接着芯の裁ち方図はp.104参照。

●作り方順序　（★は基本プロセスp.60～参照）
01　後ろ端を縫い、ステッチをかける。★
02　表、裏布を一緒に後ろ切替え線を縫う。★
03　表、裏布を一緒に脇を縫う。★
04　バスクを接着芯でくるみ、前端に入れる。★
05　バスク裏当て布を作ってつける。★
06　表、裏布を一緒に前切替え線を縫う。★
07　各切替え線の裏面に、綿テープをつける。★
08　フリルとチュールレースにギャザーを寄せる。
　　→図
09　縁とりをし、チュールレース、フリル、ブレード
　　をつけてボーンを通す。まず身頃の裾に縁と
　　りをしてから、前切替え線にフリル、ブレード
　　をつけ、裾にチュールレース、フリル、ブレード
　　をつける。次に、ボーンを入れてから上端に縁
　　とりをし、裾と同じ要領でチュールレース、フ
　　リル、ブレードをつける。→図★
10　後ろ中心当て布を作ってつける（★）。つけると
　　きは上端、裾チュールレース、フリルをよけて
　　ミシンをかける。
11　チュールレース、フリルをよけて後ろ端にはと
　　目かんをつける。★
12　はと目かんにサテンリボンを通す。★

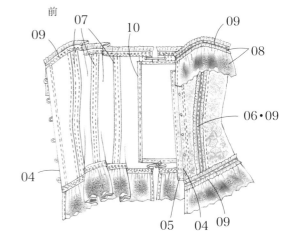

前

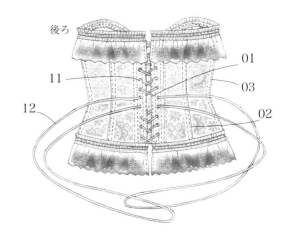

後ろ

08 フリルとチュールレースにギャザーを寄せる

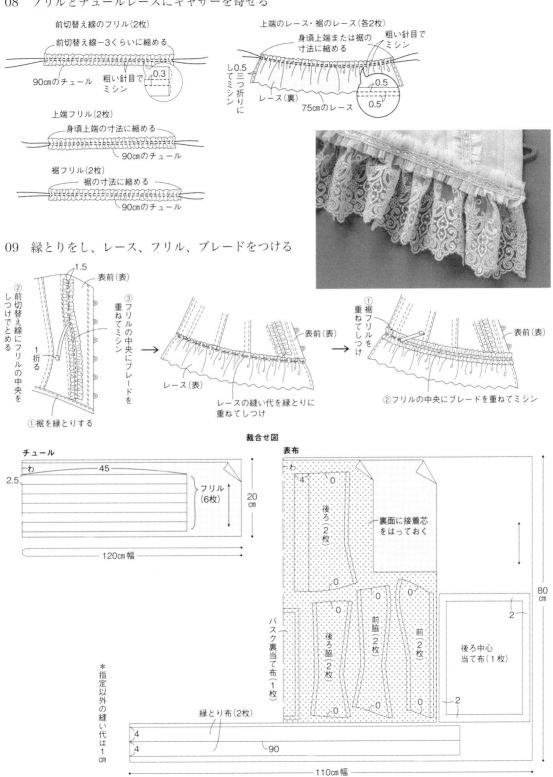

前切替え線のフリル(2枚)

前切替え線-3くらいに縮める

90cmのチュール　　粗い針目で
ミシン　　0.3

上端のレース・裾のレース(各2枚)

身頃上端または裾の
寸法に縮める　　粗い針目で
ミシン

三つ折りにしてミシン　0.5

レース(裏)　　0.5
0.5

75cmのレース

上端フリル(2枚)

身頃上端の寸法に縮める

90cmのチュール

裾フリル(2枚)

裾の寸法に縮める

90cmのチュール

09 縁とりをし、レース、フリル、ブレードをつける

②前切替え線にフリルの中央をしつけでとめる

1.5

表前(表)

③フリルの中央にブレードを重ねてミシン

1折る

①裾を縁とりする

レース(表)

レースの縫い代を縁とりに重ねてしつけ

表前(表)

①裾フリルを重ねてしつけ

表前(表)

②フリルの中央にブレードを重ねてミシン

裁合せ図

チュール

わ　　45

2.5

フリル(6枚)

20cm

120cm幅

表布

わ　4　0

後ろ(2枚)

裏面に接着芯をはっておく

バスク裏当て布(1枚)　0

後ろ脇(2枚)　0

前脇(2枚)　0

前(2枚)　0

後ろ中心当て布(1枚)　2

0　0　0　2

80cm

縁とり布(2枚)

4
4
90

110cm幅

＊指定以外の縫い代は1cm

●コルセットの材料

バスク、ボーンなどのコルセットの材料は下記店舗で販売、通信販売をしています。
価格は店舗により異なる場合がありますので、直接お問い合わせください。

ロングタイプ

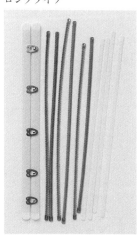

ショートタイプ

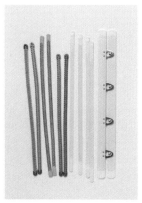

ベリーショートタイプ

〈新宿オカダヤ本店〉
〒160-0022
東京都新宿区新宿3-23-17
tel 03-3352-5411
https://www.okadaya.co.jp/shop/c/c10/

〈つよせ中野本店〉
〒164-0001
東京都中野区中野5-66-5
tel 03-3387-6235
https://tsuyose.wixsite.com/tsuyosenakano

〈つよせ文化店〉
〒151-0053
東京都渋谷区代々木3-22-1
文化服装学院購買部
tel 03-3299-2045
https://shop.bunka.ac.jp/introduce_tests/tsuyose/

〈アビエタージュオンラインショップ〉
https://shop.abilletage.com/

●お店について

アビエタージュ (abilletage)
http://www.abilletage.com/

著者bambiさんがデザイナーを務める、コルセットを中心に展開するアパレルブランドです。ラフォーレ原宿にあるショップにはオリジナルコルセットはもちろん、コルセットと相性のいいお洋服やアクセサリーなどが並びます。コーディネートの相談や、コルセットの締め方のレクチャーなども可能とのこと。この本で使用したボーン等の材料はオンラインショップにて販売しています。

〈アビエタージュオンラインショップ〉
https://shop.abilletage.com/

アビエタージュ　ラフォーレ原宿店
〒150-0001
東京都渋谷区神宮前1-11-6
ラフォーレ原宿 B1.5F
tel/fax：03-6438-9987

bambi

コルセットファッションブランド「abilletage（アビエタージュ）」代表、デザイナー。文化服装学院卒業後、コルセット＆コスチュームブランド「Succubus」を立ち上げチーフデザイナーを務めた後、単身渡英。現地でデザイナーのアシスタントとして活動後、帰国。2009年10月、オンラインショップ「abilletage」を始動。2011年7月に東京・新宿にてティーサロン併設のショップをオープンし、ブランドとして正式に活動を開始。2014年4月にブランドの世界観を取り入れた美容室「chantegram」をオープンし、トータルコーディネートの提案を行なっている。2016年8月にラフォーレ原宿にも店舗を展開し、国内外に向けコルセットファッションの魅力を広めるため活動中。

かわいいコルセット*style*
ベストセレクション

2021年12月26日　第1刷発行

著　者　bambi
発行者　濱田勝宏
発行所　学校法人文化学園　文化出版局
　　　　〒151-8524　東京都渋谷区代々木3-22-1
　　　　tel.03-3299-2487（編集）
　　　　tel.03-3299-2540（営業）
印刷・製本所　株式会社文化カラー印刷

文化出版局のホームページ　http://books.bunka.ac.jp/

本書は、2012年刊『かわいいコルセットstyle』、2013年刊『かわいいコルセットstyle2』（ともに文化出版局）を再編集、一部内容を変更したものです。

ブックデザイン　　　　　　林　瑞穂
　　　　　　　　　　　　　森本由美（文化フォトタイプ）
撮影　　　　　　　　　　　今城　純
　　　　　　　　　　　　　安田如水（文化出版局）
スタイリング　　　　　　　相澤　樹
ヘア＆メーク　　　　　　　橘　房図
モデル　　　　　　　　　　エカテリーナ　カタリナ
　　　　　　　　　　　　　リチャード
パターングレーディング　　上野和博
作り方解説　　　　　　　　百目鬼尚子
デジタルトレース　　　　　薄井年夫
校閲　　　　　　　　　　　向井雅子
編集　　　　　　　　　　　平山伸子
　　　　　　　　　　　　　三角紗綾子（文化出版局）